全民阅读
阶梯文库

科普科幻卷 **15** 岁

总主编　顾之川

圆圆的肥皂泡

本册编者　吴庆芳　阎义长

领读者　**聂震宁　高洪波　韩 松**

扫一扫，尽享本书
配套音频，感受听书乐趣！

上海交通大学出版社
SHANGHAI JIAO TONG UNIVERSITY PRESS

内容提要

"全民阅读·阶梯文库"丛书借鉴国外分级阅读理念,根据0～18岁不同年龄段读者的心智特点与认知水平编写,标识明确的年龄段,由易到难,循序渐进。按照体裁或内容划分单元,涵盖诗词曲赋、文史哲经、科普科幻等方向。

本书包括六个部分,分别是百科探秘、生命编码、生态趣谈、预言梦想、探索未知和奇幻冒险。选文题材广泛,语言严谨流畅,兼具科学性、思想性和趣味性。每篇文章设有"阅读点拨",每个单元后附有"我思我行",有利于读者加深阅读理解,拓展实践能力,提升阅读水平。

图书在版编目(CIP)数据

阶梯阅读.科普科幻卷.15岁:圆圆的肥皂泡/吴庆芳,阎义长编.
—上海:上海交通大学出版社,2018
ISBN 978 - 7 - 313 - 18764 - 2

Ⅰ.①阶⋯ Ⅱ.①吴⋯②阎⋯ Ⅲ.①阅读课-初中-教学参考资料
Ⅳ.①G634.333

中国版本图书馆 CIP 数据核字(2017)第 329390 号

阶梯阅读科普科幻卷 15 岁·圆圆的肥皂泡

编　　者:吴庆芳　阎义长			
出版发行:上海交通大学出版社		地　　址:上海市番禺路 951 号
邮政编码:200030		电　　话:021 - 64071208
出 版 人:谈　毅			
印　　制:常熟市大宏印刷有限公司		经　　销:全国新华书店
开　　本:880mm×1230mm　1/32		印　　张:6.25
字　　数:129 千字			
版　　次:2018 年 1 月第 1 版		印　　次:2018 年 1 月第 1 次印刷
书　　号:ISBN 978 - 7 - 313 - 18764 - 2/G			
定　　价:28.00 元			

全民阅读·阶梯文库

总主编

顾之川

领读者

聂震宁　高洪波　金　波　韩　松

编委会

聂震宁　高洪波　金　波　韩　松

顾之川　刘佩英　胡　晓　焦　艳

刘晓晔　吴庆芳　李国华　孟庆欣

杜德林　蒋红森

分册编者

马歆乐	陈敏倩	刘素芳	王　芳
袁　惠	张小娟	喻祖亮	沈　俊
张红梅	雷光梅	易灿华	丁连忠
孙文莲	李传方	孟　娜	郑祚军
阎义长	李　铭	苑子轩	盛　宏
祝世峰	朱俊峰	杜德林	宋亚科
杨　韧	张　锐	程玉玲	盛江伟
田丽维	李占良	尹　琦	何　萍
姜　丹	杨晓霞	许红兵	季龙刚
刘英传	高　虹	杨晓明	张宏强
范文涛	苗　锋	信旭东	孙　玉
宋　宇	刘卫民	杨　琼	

（以上排名不分先后）

目 录

第一单元
百科探秘

    "没有好奇心就没有科学。"2008年诺贝尔化学奖获得者马丁·查尔菲这样说。科学是深奥的,深奥得让常人望而却步。而正是她的深奥,让无数科学迷欲一睹她的芳容。科普文章,正好满足了科学迷的好奇心,那些有趣的科学故事,可以让读者学会到自然中去观察、去体验,把文字转化为成长的营养。

    本单元选编的一些科普文章,描绘的都是日常生活中常见的现象,从满足我们的好奇心开始,去探索科学的奥秘,感受科学的神奇。阅读时要思考科学与生活之间的联系。

悬在空中的河流

秋 池

我们都知道，依靠浮力，船能够在水中漂浮；依靠浮力，羽毛能够随风飘浮，然而，你听说过飞机在几万米的高空突遇"空中河流"，竟然发生了高空漂浮现象吗？

1982 年 4 月的一天，在冲绳岛美军那霸空军基地，有 5 架当时最为先进的 F－16 战斗机升空，在 1.2 万米的高空进行编队变化演习。当时晴空万里，西太平洋的上空能见度非常高，可以说是高空飞行演习的最好天气。

突然间，飞机在雷达屏幕上排成"人"字形不动了！在场的所有人都被这突然的变化惊呆了。当时的指挥员菲尔德上校认为，一定是雷达系统出了毛病，急令雷达兵仔细检查。经过检查，所有的雷达运转都是正常的。也就在此时，无线电波传来了呼叫声，飞行队队长报告："报告指挥官，不好了，飞机的发动机突然间全部熄火了，我们的飞机好像漂浮在河水之中。四周都是水，飞机已经不受我们控制了……"话音未落信号就中断了，接着雷达荧屏上的飞机也消失了。

菲尔德上校目瞪口呆地坐在椅子上，这位有丰富飞行经验的空军上校突然向周围的人冒出一句话:"不!绝不可能!在1万多米的高空,滴水成冰,哪来的河水?"

最令人费解的是,这几架演习飞机当时在高空突然熄火,并未下滑,而是被一股无形的力量托住,处于高空漂浮的状态。从驾驶员的报告中可以看出,飞机遇上了离奇的"空中河流",漂浮在高空的水中。这几架正在演习的战斗机就这样离奇地消失了。

"空中河流"的怪事早在第二次世界大战中就曾经发生过。

1943年5月间,美国和日本的海空军在太平洋南部各岛屿之间展开激烈的拉网战。美军的空军英雄——曾击落过多架日军零式战斗机的戈巴得里上尉,驾驶着一架侦察机在所罗门群岛一带海域侦察日军联合舰队的动向。

当戈巴得里上尉驾机飞行到大巴里尔岛的海岸线一带时,飞机突然在高空中停滞不前,一个发动机熄火,仅靠另一个发动机继续飞行着。接着飞机开始后退,被一股无形的力量推动着,像漂浮在水面上一样。戈巴得里上尉惊恐万分,他认为是日军发明了最新式秘密武器,慌忙将高空所遇的情况报告给了美军基地指挥部。指挥官命令他马上设法返航。好在戈巴得里上尉驾驶技巧娴熟,他立即掉转头来返回了基地。

经过检查，这架飞机像受了重创，机翼开裂，机身和发动机均受到损伤。当时高空气流稳定性良好，无任何雷雨，四周能见度又高，那么，是什么力量使飞机不能前进反而后退呢？机翼、机身、发动机为什么会遭到如此损伤呢？唯一的解释是，飞机突遇高空强气流形成的"空中河流"，发生了高空漂浮现象。

近几年来，美国的气象学家们运用计算机进行模拟分析后认为，形成所谓"空中河流"的原因是：空中的大气急流因地球运转而产生的磁场变化引起的冷热交叉，形成了一股如汹涌波涛般的气流，这股强大的气流如同水流一样威力无比。"空中河流"能够使具有强大动力的飞机倒行逆驶，或者停滞不前。同时，它又具有强大的浮力，使飞机如同漂浮在水面上一样，还会因局部缺氧而使飞机的发动机熄火。

美国气象学家史蒂罗迈教授认为，如果所谓"空中河流"的特异现象确实存在，那么科学界应花大本钱下大功夫来揭示其奥秘，因为如果此奥秘被揭开，那么人类将大大受益。如今地球上最缺少的是淡水，由于缺水，大量的良田变成沙漠。如果能运用上"空中河流"的水，那么将会使沙漠变良田，永无旱灾之忧，使地球成为绿色的田园……

美国的军事科学家们对此高空特异现象也很重视，他们曾建议美国政府拨专款供科学家们研究。他们认为，谁掌握了"空中河流"的奥秘,谁就能在空中绝对称霸,再也不怕什么远程战略轰炸机、洲际弹道导弹和现代化超高速战斗机了,因为它能使一切空中飞行物体停止运行,改变航向直到坠毁。这样美国政府再也不必花上千亿美元去研制导弹防御系统了。

（选自《新科幻·科学阅读版》2012年第2期,有删改）

阅读点拨

　　本文介绍了大自然中的一种奇怪现象——空中河流。为了使介绍的内容更加具体化、形象化,作者首先以生活中常见的浮力现象引出"空中河流"这一奇异现象,然后详细介绍美国战斗机离奇消失、第二次世界大战中美军侦察机遭遇的怪事,为下文科学家们的种种解释提供事实依据,说明"空中河流"现象虽然离奇但不是个例,而是真实的存在。科学界的解释虽然还停留在猜想层面,莫衷一是,但仍然可以引发我们的好奇心,激发我们探索科学奥秘的兴趣。

鸡,为什么要叫

瘦 驼

　　"半夜鸡叫"的故事大家都知道,不过,"半夜叫鸡"究竟能不能把鸡叫醒呢?

　　鸡为什么要叫? 看上去这个问题显然比不上"鸡为什么要过马路"那样充满哲思。不过如果拿这个问题问保罗·西格尔,他可能会给出你并不少于"鸡为什么要过马路"的理由来。西格尔是研究鸡的博士,他听得懂鸡的语言。虽然对于大多数人来说,鸡的语言无非就是母鸡下蛋"咯咯达"和公鸡打鸣"咯咯咯",但是西格尔博士大概能听懂 30 种不同的"鸡话"。这一点儿也不奇怪,鸡是一种社会性动物,一夫多妻的它们总有一大堆家庭琐事要处理。特别是作为家长的公鸡,更是要担负很多指挥和决策任务。比如,当公鸡发现了食物,它便会发出叫声呼唤妻妾们前来分享。如果发现的是蚯蚓或者豆子这样的美味,它的叫声频率会比较高;反之,如果它发现的不过是些米粒(米粒对鸡的吸引力并不是很大),它的呼唤声频率便会较低。研究人员发现,母鸡如果听到了高频率的召唤声,就会乐颠颠地跑过来,而对低频召唤声并不那么热衷。同样的，如果一只鸡发现了威胁，它也会发出警告，威胁来自空中还是地面，警告声是不一样的，其他的鸡做出的反应也不同。

至于公鸡打鸣，鸡语专家告诉我们，那是一种"主权宣告"，一方面提醒家庭成员它至高无上的地位，另一方面警告临近的公鸡不要打它家眷的主意。就像狗能从一泡狗尿中嗅到很多信息一样，鸡也能从一声鸡叫中听出很多道道。美国新墨西哥大学的佛洛等人就尝试解码公鸡的打鸣声。他们的研究不太像是在做生物学实验，反而像是给明星灌唱片，动用了高灵敏度定向麦克风、高档录音机、音频分析软件和苹果电脑。至于"歌手"，那是 20 只一岁大的雄性原鸡，也就是家鸡的野生种。经过录音和分析，佛洛他们得出了一堆写满了"基频""主频""泛音"的数据。简而言之就是，雄鸡的鸣叫与它们体内雄激素的水平密切相关，雄激素水平越高，鸣叫声越洪亮，同时这样的雄鸡鸡冠越大，体型越健硕，战斗力越强。

"牝(pìn)鸡司晨"，也就是母鸡打鸣，这与半夜鸡叫一样具有神话色彩。实际上，在乡村生活过的读者都会知道，公鸡下蛋那是胡吹，母鸡打鸣有的是。这是由于母鸡体内只有左侧的卵巢和输卵管发育，右侧的保持着未分化的状态。如果它左侧的卵巢发生了故障，右侧那个未分化的卵巢就会发育成睾丸,并且产生雄激素。在雄激素的催促下,母鸡,哦不,它现在已经是只合格的公鸡,就会操起司晨的任务来。

公鸡什么时候打鸣?当然是早晨了,金鸡报晓嘛。对不起,你又想错了,公鸡可以当闹钟用,但毕竟不是闹钟。实际上,公鸡什么时候都打鸣。有人统计过,白天里,一只公鸡大概每小时打鸣一次,只不过早上那第一声鸡叫划破了黎明的宁静,临近的公鸡不甘示弱,纷纷宣誓主权,如此接力下去,让人印象深刻,而嘈杂的白天,人们忙着各种各样的事,就不会太留意这些打鸣的公鸡了。

早上公鸡为什么打鸣?首先要我们知道,鸟类里的夜猫子屈指可数,除了各种猫头鹰所在的鸮(xiāo)型目和邻近的夜鹰目外,其他绝大多数鸟都是夜盲症患者。鸡也不例外,一般情况下,夜里,鸡都在睡觉。在这个前提下,我们需要进一步做一下解剖学分析,深入到鸡的脑袋里去看一看。鸡的大脑里有一个小小的区域叫作松果体,这个小小的腺体曾经是我们的老祖先视觉系统的重要部分。但是现在它位于脑的中央,不过它与视神经还有藕断丝连的关系。松果体可以分泌一种称为褪黑素的物质,爱美的女士们不要被这个名字误导,它仅可以让青蛙的体色变淡。松果体是受光线控制的,只有伸手不见五指松果体才会分泌褪黑素,如果有光射入眼睛(其实眼皮并不能挡住太多光线),褪黑素的分泌便被抑制。褪黑素有着复杂的生物学功能，它能抑制性激素的分泌。除此之外，生物学家们早就发现在鸟负责鸣叫的脑皮层上，分布着大量褪黑素的受体，尤以雄鸟为甚，也就是说，褪黑素直接控制着鸟什么时候歌唱。一天之中，当晨光乍现，褪黑素的分泌受到抑制，雄鸡便不由自主地"司晨"。一年之中，当春天白昼渐渐变长，鸟儿体内的褪黑素水平下降，它们便开始"叫春"，紧接着的是体内性激素水平的升高，一年一度的繁殖季节到来。公园里提着鸟笼的大爷也知晓这个道理，平常鸟笼都被厚厚的布罩盖着，一旦摘下布罩，光线惊醒了鸟儿的"鸣叫中枢"，歌咏会便开始了。

在过去，人们日出而作日落而息，公鸡也可以安享黑暗静谧(mì)的夜晚。不过有时候遇到满月，皎洁的月光偶尔也会刺激太过敏感的公鸡"起夜"。而到了战乱时候，鸡犬不宁，被声音和火光惊扰的公鸡夜啼的概率大大增加，于是古人以"雄鸡夜鸣"为战争的凶兆。

现代社会，尤其是广大城市，人工照明的普及早已消弭(mǐ)了昼夜的区别，与 100 年前相比，目前人们的"黑夜"普遍缩短了好几个小时。不但人本身深受"人工白昼"带来的褪黑素水平下降引发的种种健康问题（诸如儿童性早熟，乳腺癌和结肠癌的高发，以及更普遍的情绪波动），跟着人混的其他动物也跟着遭殃。经常有报道说某小区里"无德居民"

擅自养鸡，结果半夜鸡叫不断，引发邻里纠纷。英国的国鸟是欧亚鸲（qú），这种俗称知更鸟的小鸟现在完全不"知更"了，根据英国皇家鸟类保护协会报道，在英国很多地方它们彻夜鸣叫，都是路灯惹的祸。

由此可见，给地球熄灯一个小时，不管对人类还是鸡在内的其他动物，都是远远不够的。但是，阡陌交通鸡犬相闻的桃花源，我们还回得去吗？

（选自《新京报·新知周刊》2009 年 4 月 12 日，有删改）

阅读点拨

作者为了把"鸡叫"这一件看似简单却蕴含着许多科学道理的事情说清楚，运用了多种表现手法，包括比喻和拟人。还用一个反问句"阡陌交通鸡犬相闻的桃花源，我们还回得去吗？"表达了对现代社会人类破坏自然规律引发的环境、健康等问题的担忧。

病，也许是件好事

南天剑

通过长期的观察发现，生病也并非总是有害无益的。

拿咳嗽来说，这是一种呼吸系统的毛病。慢性咳嗽可以导致诸多并发症，所以不明原因的慢性咳嗽绝不可小视。

然而，咳嗽也是人体的一种防卫反射动作，它在有些情况下对健康是有利的。譬如，它能帮助排出呼吸道的炎症分泌物，若这些分泌物排不出来，则会加重病情，故不必见咳就去止。1987年，一位苏联卫国战争时期的老战士，在一阵剧咳后吐出了46年前留在体内的一颗子弹，从而摆脱了多年来由此引发的病痛。这种事尽管奇特，但也可以看作是咳嗽有益的佐证。咳嗽还能救命。专家告诉我们，咳嗽可使心脏突然停跳的病人转危为安。因为心脏突然停跳时病人还有短暂的清醒期，而且也有咳嗽的能力，所以病人应毫不犹豫地连续用力咳嗽。这就好比是及时启动了"人工起搏器"，能为自己争得一线生机。这种方法叫作"咳嗽心肺复苏术"，心脏病人显然需要掌握这样的救命常识。

同样,发热可以是友不是敌。人的正常体温为 37℃ 左右,超过自己正常体温的,谓之发热。现代的医学书上写道:促使发热的原因很多,但都是由于身体调节体温的功能发生了变化,失去了平衡所致。因此,不管是什么因素引起的,发热都是有病的信号,都应尽早就医诊治。

可是,在我国古代,不少医学家(其中有著名的孙思邈)却认为,发热是儿童必然要经过的正常发育阶段。他们把发热看作是促使儿童健康成长的一个因素。用现代的医学观点对之注解,那就是:每一次发热,多半是表明这个孩子又获得了对某种疾病的免疫能力。免疫力增强了,自然对健康具有积极意义。美国的《读者文摘》杂志在 10 年前也刊登过一篇文章,说是对人体而言,发热主要是朋友而不是敌人,主张不必一发热就去看医生。

早在东汉时期,思想家王充在《论衡》中,就提到"治风用风,治热用热"的观点,给人们以有益的启示,从而有了"以毒攻毒"的治疗法则。至迟在 16 世纪的明代,我国已经知道用人痘接种来预防天花,这也是"以毒攻毒"思想的反映。血癌病人如果又得了病毒性肝炎,应该会在雪上加霜的袭击下,死得更快一些吧? 然而并非如此。美国的一项统计表明,病上加病者的平均生存期反而比没有得病毒性肝炎的人活得更久:前者是 765 天,后者是 495 天。凡此种种,都可以视为

"以毒治病""以病治病"的表现。

（选自《自然与科技》2007年第1～2期合刊，有删改）

阅读点拨

　　本文从咳嗽有些情况下对健康是有利的、发热是友不是敌和以病治病促健康三个方面说明了"病，也许是件好事"的科学道理。作者在措辞方面十分准确，标题中的"也许"一词一方面提出了生病在有些情况下是好事的看法，同时也不否定生病危害人体健康的观念；另一方面，由于医学界对如何分辨生病的"好"与"坏"尚存在不同见解，使用"也许"更准确，也更符合实际。

数学归纳法与《道德经》

张奠宙

数学，犹如雨后初霁的天空，一尘不染，阳光万里，然而未免稍觉单调；人文，则如漫天云彩，白云苍狗，丰富多变，又会令人眼花缭乱。若得两者相配，蓝天白云，何等赏心悦目？那么，设想数学与人文之间如能获得沟通，又将会出现怎样的深邃意境呢？

数学归纳法在古希腊数学中已有萌芽。但真正作为一种重要的数学方法，是 19 世纪皮亚诺提出"自然数公理"前后的事情。现在，纯西方的"数学归纳法"真的遇上了《道德经》以及《愚公移山》等东方经典故事。

如今高中课程中的数学归纳法，目标是要证明对所有的自然数 n，命题 $P(n)$ 都成立，一个也不能少。教学中，则常以多米诺骨牌作喻。意思是，推倒第一块，接着便会推倒第二块、第三块，直至成千上万块。然而，多米诺骨牌无论制作得怎样精致，总有结束的时候。能够推倒的，毕竟只是有限块。可是数学归纳法所要面对的是自然数全体，要求从有限跨入无限的大门。如此看来，多米诺骨牌对数学归纳法来说，只是形似,没有神似,差得很远呐。

于是,中国经典《道德经》登场了。"道生一,一生二,二生三,三生万物",这13个汉字,尽显无限本色。原来,所谓"万物"泛指的"无限",乃是不断"生"出来的啊。更进一步,《愚公移山》故事里的一段妙语构造了一个"生生不息"的无限思维模型。愚公说:"虽我之死,有子存焉;子又生孙,孙又生子;子又有子,子又有孙;子子孙孙无穷匮也,而山不加增,何苦而不平?"

这里,愚公高调宣布了用"无限"战胜"有限"的胜利。既然愚公家族的序列可以做到"无穷匮",那么用于任何命题列 $P(n)$ 行不行呢?这就要看 $P(n)$ 能不能具有愚公家族序列的特性了。如前所说,愚公模型之所以能达到无限,是因为神话人物愚公自动地获得了他的子孙世世代代必定都能够"生"的特殊保证。至于 $P(n)$ 的每一代能不能"生"?那就需要检验了。事实上,数学归纳法本身正是在做这样的检验!

首先,数学归纳法的第一步是要验证 $n=1$ 时 $P(1)$ 成立。这相当于 $P(1)$ 的正确性必须像愚公自己一样要能"生"出来,即有子存焉。其次,要验证已经具有正确性的 $P(n)$ 是否如愚公的每一代子孙那样都能"生",即对任意的 n,由 $P(n)$ 的正确性能生出 $P(n+1)$ 的正确性来。一旦这两步都成立了,$P(n)$ 的正确性序列能够一代代地"生"出下一代了,就可以像愚公家族一样达到"无穷匮",无一例外地全部都成立。

从《道德经》的三生万物，愚公的生生不息，到"野火烧不尽，春风吹又生"，东方经典的无限观一直和"生"联在一起。一个"生"字，终于使得数学归纳法不再神秘。记得在中学课堂上，学生们对那两步检验的来历往往不知所云。如果读了愚公移山的故事，大概就会"会心一笑"，觉得那不过是在进行能不能"生"的检验而已！

这种数学与人文的沟通，初接触时会觉得有些出乎意料，但是细细想想，却又在情理之中了。现在提倡"文理不分"，真希望"文科生""理科生"，大家都来关注这样的沟通。

（选自《教师博览》2017 年第 4 期，有删改）

阅读点拨

一个是数学证明的方法，一个是中国古代道家的经典著作，这两者本来是风马牛不相及的事物，作者却把它们巧妙地联系在一起，体现了作者丰富的联想和深邃的思想。"道生一，一生二，二生三，三生万物""野火烧不尽，春风吹又生"，与"生"相关联的东方经典的无限观用于数学归纳法，终于使得数学归纳法不再神秘。数学归纳法碰上《道德经》以及《愚公移山》等东方经典故事，就会擦出思想的火花，让人们体会到科学与人文相结合的深邃意境，产生意想不到的效果。

什么是比特币

小 武

比特币是一种点对点（P2P）形式的虚拟货币，也有人将其译为"比特金"。比特币不依靠特定货币机构发行，它通过特定算法的大量计算产生，并使用遍布整个 P2P 网络中众多节点构成的分布式数据库来确认并记录所有的交易行为。本质上，你的比特币以数字形式存储在数据库中，系统将数字从一个账户转移到另一个账户来实现资金的转移。比特币是一种分布式的虚拟货币，整个网络由用户构成，没有中央银行，去中心化是比特币安全与自由的保证。

比特币可以兑换成大多数国家的货币。使用者可以用比特币购买一些虚拟物品，比如网络游戏当中的衣服、帽子、装备等，只要有人接受，也可以使用比特币购买现实生活中的物品。

基于密码学的设计可以使比特币只能被真实的拥有者转移或支付。比特币通过互联网而不是通过银行或者票据交易所交易，这就意味着他们之间的交易具有更低的交易费用，并且确保了货币所有权与流通交易的匿名性。

　　比特币与其他虚拟货币最大的不同是其总数量非常有限，具有极强的稀缺性。该货币系统的总数量将被永久限制在 2 100 万个之内。

　　比特币的概念最初由一个自称中本聪的人提出。比特币的产生和黄金的产生有些相似。黄金需要通过开采金矿生产，比特币则需要经过若干计算完成特定数学问题而产生。比特币系统不断地给玩家（确切地说是他们的计算机）提供"数学题"，谁先做出就可获得一定数量的比特币（相当于是发行了这一数量的货币），这就是比特币的产生过程。这个过程很像掘金者挖掘金矿，因此有人把比特币的产生形象地称为"挖矿"。任何人只要在互联网上运行一个免费的"挖矿"软件就可以产生比特币，这些人被称为"比特币矿工"。

　　从 2010 年比特币与实体商品实现兑换开始，越来越多来自不同国家的商家开始接纳比特币。比特币的每笔交易既透明，又匿名。也就是说，每一个拥有网络客户端的人都可以查到全世界所有即时产生的比特币交易，但是却无法得知这笔交易来自哪里，去向哪里，有什么用途。

　　一项调查数据显示，2011 年，一年内涨幅最高的货币是澳元，它兑换美元的涨幅是 27%；然而同样的一年之内，比特币兑换美元，却是从 0.5 美元涨到了 13 美元，涨幅高达

2 600%。并且比特币丝毫没有放松大涨的势头，2013 年 4 月，比特币更是一路冲到了 1 比特币兑换 266 美元！

上面的数据可以显示出，比特币增长速度之快是所有货币都无法与其相比的。尽管比特币的核心开发人员一再明确强调比特币只是一个"实验性"的项目，并反复提示投资的风险，但显然没有浇灭投资者的热情。

有些业内人士认为，比特币发展迅速的原因是，它是一种去中心化的货币。在比特币市场，每个人都可以成为发行者，都可以成为金融机构，也都可以任意买卖货币。在过去几年内，比特币的市值从最初每个 5 美分飙涨到最高时的 266 美元，但于峰值当日又暴跌至 105 美元，比特币的暴涨暴跌已经远远超出了它本身作为一种货币的功能。最重要的是 2 100 万上限这个特征使得比特币成为一个具有强烈投机属性的工具。

现在比特币价格这么高，它实际上也存在着一种投机泡沫。很多专家认为比特币极有可能是昙花一现。首先，它已经成为一个投机的标的；其次，缺乏金融体系给它支撑。如今，美国已经开始对比特币进行监管，对虚拟货币实行反洗钱法规。

纵观比特币市场，它确实给投资者带来很大的利润空间，但也给投资者留下一个极大的投资风险。因为任何货币都不会只涨不跌。更何况,除了比特币以外,难道未来就不会出现相似的虚拟货币吗?通用虚拟货币越多,比特币的价值就越接近于零。这种纯粹运算出来的数字符号的货币,没有任何资产支持,没有财务收支,没有现金储备,本身只是一个流通符号而已。投资者应该警惕,这个世界没有所谓安全的投资,所有的投资都是有风险的。

(选自《百科知识》2013 年第 14 期,有删改)

阅读点拨

比特币神秘莫测,作者为了使读者明白,把产生比特币的过程与挖黄金相比较,用大家熟悉的事物来说明不熟悉的事物;在解释比特币的产生过程时,对"玩家""获得一定数量的比特币"等内容进行说明。同时,作者提醒人们,投资比特币是有风险的,因为比特币只是一个"实验性"项目,它的暴涨暴跌已经超出它本身作为一种货币的功能,而且虚拟货币越多,比特币的价值越接近于零。

从"幼年"到"老年"的地形

刘兴诗

人从抱着奶瓶的婴儿时代开始,经过欢乐的童年、热情的青年、成熟的中年,直到白发萧萧的老年,慢慢走完一辈子。这就是人的一生。

一条河,一座山,也有自己的生命历程吗?

哈哈!没有生命的山河不是人类,也不是像狮子、大象一样的动物,怎么会有这回事呢?

信不信由你,美国地理学家戴维斯说过:"有呀!世界上所有的地貌,都有一个从'幼年',经过'壮年'到'老年'的发展过程。"

哈哈!这位戴维斯先生是在开玩笑吧?

不,这可不是开玩笑,这可是他提出的具有重要影响力的"侵蚀"轮回学说。

幼年期的孩子是什么样子?

小小的孩子蹦蹦跳跳充满活力,整天无忧无虑笑嘻嘻。

幼年期的河流是什么样子?

它们也是蹦蹦跳跳充满活力,整天吵吵闹闹不停息。

它们是什么？

它们就是一条条山溪。

你看呀！它刚离开大山母亲的怀抱，好像对眼前的世界满怀好奇，在山谷里尽情奔腾呼号，渴望找到自己的出路。

山溪从来不会沉默，要不就不叫山间的溪流了。

噢，这不就是对一个天真的幼童最好的素描？

山溪充满活力，不顾山石阻碍，到处冲冲撞撞，一路上冲卷着大大小小的鹅卵石。那些鹅卵石好像圆溜溜的皮球，山溪玩腻了，就把鹅卵石随便抛弃在山中的河沟里。

山溪从来不老老实实顺着河道往前流，做循规蹈矩的乖孩子，要不也不叫山间的溪流了。

噢，这不就是一个顽皮的孩子特有的脾气？

初出茅庐的山溪仿佛有用不完的力气，不顾一切往下切割，把溪谷冲刷得深深的，好像放大的"V"字。

噢，这不就是一个成长中的少年特有的创造力？

你看，它总是那么急急忙忙，似乎憧憬着美好的未来，恨不得一下子冲出重重封闭的大山，奔向朦朦胧胧的前方，拥抱广阔的大世界。

噢，这不就是一个有理想的孩子的坚定志向？

所以戴维斯说，山间河流的流速特别快，侵蚀能力特别强，显得特别有活力。这就是河流的"幼年期"。

出了大山的河流,奔流在低山丘陵之间。没有大山的约束,河谷更加宽展。开阔的河谷容纳了众多支流,水势比较缓和,更加浩浩荡荡。

啊,好一派壮阔的景象!

这不就像成熟的中年人,更加沉着稳重,更加富有责任感?

戴维斯说,这就是河流的"壮年期"。

最后流到平原上的河流,将锐气消磨殆尽。河岸变得很低,几乎和两边的平原融为一体,分不清哪是河岸,哪是河身。河水也变了一副模样,无声无息地慢慢流,几乎连水泡也不冒一个,完全没有往昔的活力。

前面就是大海,就是它最后的归宿。河呀河,慢慢走,一路走好,流进最后的终点站。甜甜的水变成咸咸的水,好像混杂着说不清的哀愁的泪水。

呵呵,这不就是一个人到暮年的老头儿的真实写照吗?

(节选自《刘兴诗爷爷讲述·世界科学》,长江少年儿童出版社2017年版)

阅读点拨

从题目看，本文是一篇介绍地貌的科普文章，作者却从一条河的角度来重点说明，用儿童化的语言、富有情趣的笔调、排比化的段落，描述了一条河流从"幼年"到"老年"的发展历程。作者善于运用比喻和拟人的手法，将山溪比成"天真的幼童""顽皮的孩子""成长中的少年""有理想的孩子"，将河流比成"成熟的中年人""暮年的老头儿"，让读者形象地了解到戴维斯提出的"侵蚀"轮回学说，使科普文章的科学性和文学性有机地融为一体。

我思我行

理解感悟

◆ 本单元选编的几篇科普文章，介绍了发生在我们身边的一些科学知识。你能选取身边常见的事物用科学的方法和原理进行解释吗？

◆ 《鸡，为什么要叫》只是说明鸡叫的原因吗？作者通过这篇文章还说明了什么问题？

实践拓展

◆ 本单元几篇文章的说明对象都是我们司空见惯的现象，我们深入探究过原因吗？
观察下表所列事物，填写空格。

观察的事物	发生的现象	得出的结论
商品上的条形码	_____	_____
除夕夜的鞭炮声	_____	_____
没有尾气的汽车	_____	_____

◆ 以"我身边的科学现象"为话题，开展一次口语交际活动。请说说你发现的一些科学现象。

阅读延伸

◆ **《趣味物理学》**（别莱利曼 著）

苏联科普作家别莱利曼所著的《趣味物理学》，主要不是告诉读者新的知识，而是采用极富趣味的叙述方式，帮助读者"彻底弄懂他们已知道的东西"，就是说使他们已经具有的物理学基础知识更加深化，激活这些知识，学会自觉地将这些知识运用到生活的各个领域中。书中列举了一系列与物理学有关的形形色色的智力游戏、别出心裁的问题、扣人心弦的故事、妙趣横生的习题、离奇古怪的现象和出人意料的对比，这些都取材于生活中常见的现象。科幻作品最符合本书的宗旨，因此作者援引了儒勒·凡尔纳、威尔斯、马克·吐温等人的科幻小说中的若干片断。其中描写的以幻想为基础的实验不仅对读者富有吸引力，而且在讲授知识的过程中能够起到活生生的例证作用。

第二单元
生命编码

　　你知道地球上的生命从何而来吗？你知道遗传和基因对人类有何意义吗？你知道人类的生命蕴藏着怎样的秘密吗？你知道在这个地球上很多植物同样有伟大的生命吗？本单元选编的一些科普文章，将为你解答这些疑问。在这里你会发现一个对人类发展有着重大作用、并有着无穷奥秘的大千世界。

　　阅读这些文章，会让我们认识到每一个生命都有自己从发生、发展到成熟、衰老和死亡的生命周期，每一个生命都是独特的。生命对于我们每一个人来说只有一次，同时，生命也离不开它的生态环境。阅读后会激发我们更加热爱生命，敬畏生命，珍惜生命。

令人惊叹的细胞

[美]比尔·布莱森

　　生命开始于一个细胞。第一个细胞一分为二，二又分为四，以此类推，仅仅到第 47 次加倍以后，你就有了 1 亿亿（10 000 000 000 000 000）个细胞，并做好了最终形成一个人的准备。从卵子受精的那一刻起，一直到你离开人世，为了维护你，这些细胞中的每一个都可谓是恪尽职守。

　　对于你的细胞来说，你无任何秘密可言，它们对于你的了解，远远超过你对自己的了解。因为每一个细胞都带有一整套基因密码——你身体的指令手册，所以它不仅知道怎样做自己的工作，而且对于你体内的其他任何一项工作，它都了如指掌。在你的一生中，你永远没有必要提醒任何一个细胞，要它随时注意其腺嘌呤（piào lìng）核苷三磷酸盐的情况，或是找到存放不期然间出现的多余叶酸的地方。它将会为你做这样的一些事，以及几百万件别的事。

　　每个细胞都是自然界的一个奇迹。即便是最简单的细胞，其构造的精巧程度也是人类的智慧永远无法企及的。举个例子，即便是制造一个基本的酵母细胞，你所需要的零部件就和一架波音 777 喷气式飞机的一样多，而且还必须在直径仅有 5 微米的球体内将它们组装起来，然后你还得以某种方式驱使那个球体进行繁殖。

但是，与人体细胞比起来，无论是多样性还是复杂性，酵母细胞都简直不值一提。但是，酵母细胞有着复杂的互动性，因此更有意思。

你的细胞是一个有着 1 亿亿个公民的国度，每一个公民都以某种特有的方式全心全意地为你的整体利益服务。它们为了你什么都干，它们让你感觉快乐，产生思想。它们使得你能够站立、伸懒腰和蹦蹦跳跳。当你吃东西的时候，它们摄取养分，供给能量，排除废物——干所有你在高中生物学中所了解到的事情，它们还在第一时间使你有一种饥饿感，并使你在就餐后产生舒适的感觉，以后就不会再忘记吃东西。它们使你的头发生长，耳朵产生耳垢，大脑保持清醒。它们管理你身上的每个角落；当你受到威胁时，它们会挺身而出保护你。它们会毫不犹豫地为你献身——每天有多达数 10 亿个细胞在这么做：可是终其一生你从未向它们中的任何一个表达过谢意。因此，现在就让我们肃立片刻，向它们表示我们的敬佩与赞赏之意。

细胞是怎样完成它们所做的一切的？——它们怎样储存脂肪，怎样制造胰岛素，怎样参与维持和你一样复杂的实体所必需的其他活动？——我们也许了解一点点，但仅仅是一点点。你的身体内活跃着至少 20 万种不同类型的蛋白质。可是到目前为止，我们对它们的了解不超过 2%。（有人将这一数字调高到 50% 左右。显然，这取决于你如何界定"了解"这个词的含义。）

一个人体细胞的平均宽度不过 20 微米——也就是 1 毫米的大约 2%，小到几乎看不见，但大得足以容纳数以千计的像线粒体这样的复杂结构，以及几百万个分子。从最基本的方面来说，细胞的活力也各不相同。你的皮肤细胞都是死的。想到自己身体表面的每一部分都是死的，你也许会感到有点屈辱。如果你是个中等个儿的成年人，你身上裹着大约 2 千克的死亡皮肤，其中每天都有几十亿的微小组织从你身上脱落。如果你将一个手指从布满灰尘的搁架上划过，那个痕迹在很大程度上是用你死去的皮肤划成的。

大多数细胞的存活时间很少超过 1 个月，但也有一些明显的例外，肝脏细胞可以存活几年，虽然它们的内部成分每隔几天就更新一次。大脑细胞和你的寿命一样长。

1683 年，列文虎克发现了细菌——可是由于显微镜技术的限制，在此后的一个半世纪里，一直停留在那个水平。直到 1831 年，才有人第一次看到细胞核——它是由苏格兰人罗伯特·布朗发现的。布朗是一位植物学家，但对科学史怀有兴趣，虽然始终不为人所知。布朗生活的年代是 1773～ 1858 年，他根据拉丁语 mucula（意思是"小坚果"），将他的发现取名为细胞核。到了 1839 年，才有人真正认识到细胞是一切生命的基质，这个人就是具有独特洞察力的德国人索多·施旺。就科学洞察力而言，这一发现不仅相对较晚，而且一开始也没有被广泛接受。直到 19 世纪 60 年代，由于法国人路易·巴斯德完成的具有里程碑意义的工作，才彻底地证明了生命不能自发地产生，而必须来自一个事先存在的细胞。这一理论被称为"细胞学说"，它是整个现代生物学的基础。

不论其形状和大小如何，你身上所有细胞的构造大体相同：它们都有一层外壳或细胞膜，一个细胞核，里面存储着你正常运转所必需的基因信息。两者之间有一层繁忙的空间，叫作细胞质。细胞膜并不是我们大多数人所想象的那样是一层你用别针能刺穿的耐久胶状物，相反，它是由一种叫作脂质的脂肪物质所构成，和"轻度机油"大体相像。如果你觉得这些东西似乎很不坚实，请记住：在显微镜下，事物的表现形式是不同的。在分子的层面上，对于任何东西而言，水成了重型凝胶，而脂质简直就像钢铁一样。

如果你有机会去访问一个细胞，你一定不会喜欢它的。若是将原子放大到豌豆一样大小，那么一个细胞就会变成直径达 800 米的一个球体,由一个名叫细胞骨架的大梁似的复杂架子支撑着。在它的里面,几百万个物体——有的大如篮球,有的大如汽车——像子弹一样呼啸而过。在这里你简直难以找到立足的地方,每一秒钟都会遭到数千次来自四面八方的物体的撞击和撕扯。即使对长期待在细胞里面的成员来说,这里也是一个险象环生的地方。每一段 DNA 链平均每 8.4 秒就要遭到一次袭击或损害——每天要遭到 1 万次——被化学物质或其他物质撞击或撕成碎片,所有这些伤口必须很快被缝合,除非细胞不想再活下去。

从你出生起,你拥有大约 1 000 亿个细胞,这也就是你所能拥有的细胞数的最高值。据估计,你每小时大约丢失 500 个细胞。因此,要是你认真想一想的话,你真的是一刻光阴也不该浪费。令人欣慰的是,你脑细胞的组成部分总是在不断更新,因此,与肝脏细胞相类似,你的大脑细胞实际上只存活 1 个月左右。事实上,我们身上的任何一个部位——除了迷途分子以外——都与 9 年前不同。这听起来似乎有些玄乎,但从细胞的层面上讲,我们都是年轻人。

（节选自《万物简史》(彩图珍藏版),严维明、陈邕译,接力出版社 2007 年版）

阅读点拨

　　本文从细胞没有任何秘密、细胞的结构非常精巧、细胞的更新速度很快等方面说明了细胞的"令人惊叹"之处，并对细胞表示"敬佩与赞赏"之情。为了使读者在阅读中了解细胞，作者用生动的语言，拟人、比喻的修辞方法说明深奥的科学道理，用通俗而幽默风趣的语言激发读者的阅读兴趣。

你的体重，它们决定

林　恩

　　如果你曾经与肥胖斗争过，你应该很清楚这场战争的胜利取决于：节食、锻炼、遗传基因。道理很简单，你吃得越多，动得越少，你就会越胖。在这个方程式上，个人的基因起着关键的作用。但是科学家们很久以前就知道这三个因素不足以解释肥胖的起因，而第四个重要的因素日益引起研究人员的关注，尽管它们一直处于被忽略的状态：你的肠内细菌。

　　它们的学名是：肠道微生物群落。这群微小细菌以上千亿兆的数量居住在人类的肠道中，它们很大部分的成员是厌氧菌——可以在缺氧的情况下存活。

　　这群微生物的作用之一就是调节人体从食物中吸收的卡路里和存储脂肪，换而言之，它们能够调解宿主的体重。研究人员发现：这些肠道微生物的种类和平衡与否，是决定人体肥胖和苗条的关键，因此通过调解微生物群落的数量可以改变人的体重。

　　通过对老鼠的研究表明，体型肥大者和体型消瘦者的肠道内细菌种类和数量差异明显。肥胖老鼠体内的厚壁菌类群数量比拟杆菌要高得多。在体重正常的老鼠体内,情况则正好相反。人体内的菌群虽然种类繁多,但是90%都属于两大类菌群——拟杆菌和厚壁菌类群。其中,厚壁菌类群能够导致肥胖,而拟杆菌能够分解人体本身无法消化的多糖(如纤维素等),在向宿主提供营养的同时也为自己和肠道中的其他细菌获得食物。换而言之,如果你体内的拟杆菌数量多于抗菌体,那么你就是令人羡慕的"吃不胖"体型。

人类的日常食谱是如何影响肠道菌类的数量和种类的?研究人员用有不同种类的食谱喂养老鼠,其中一种是典型的西方食谱,食物中的脂肪和糖含量较高。"享用"西式大餐的小鼠们往往表现为体重增加:其肠道中的厚壁菌类群较多,拟杆菌较少。而另一组喂食低脂低糖的老鼠肠道中的厚壁菌类群则较少,拟杆菌较多,大多表现为体重下降。

目前尚不能肯定肠道中菌群的变化和体重的变化两者谁为因、谁为果,但是上述研究发现能够帮助我们判读你的体质是否容易肥胖。高登团队的实验表明,通过调整饮食结构可以改变肠道内细菌群的种类和数量,更好地消化新食物从而改变体重。以小老鼠为例,把长期食用低脂的小老鼠食谱变成高脂的西式饮食,那么在不到一天的时间内,这些小老鼠肠道内的厚壁菌数量会大幅增加。而在以往的研究中,厚壁菌对肠道吸收的影响往往被科学人员忽视。

这个发现有助于研究人员最终对菌类进行标识，从而撰写出影响身体肥瘦的肠道菌类食谱。这样可以帮助人们对自己的身体所摄取的卡路里进行检测或控制。

（选自《青年文摘》2010年第8期，有改动）

阅读点拨

同样是说明人体，但这篇文章与《令人惊叹的细胞》说明的侧重点有所不同，说明的是人的体重由肠道微生物群落决定，为我们揭示了人的肥胖之谜。

基因密码与生命预测

于丽萍

在人体生命科学探索的历史中,没有比"基因"这两个字更具有震撼力的了。

由于历史的原因,我们对基因一直采取拒绝承认的态度。直到 20 世纪 70 年代,经过科学家的努力,"基因"二字才被写进了科教书。现在基因已经被世界各国接受,"人类基因组计划"与"曼哈顿原子弹计划""阿波罗登月计划"并称为人类自然科学史上的三大计划。

为什么人对"基因"二字如此敏感,如此谨慎?除了其他原因之外,有个很重要的原因,就是怕染上"迷信"之嫌。在传统的观念里,生命不可预测。我们回想一下古代的相学和命理学就不难发现,相学和命理学是通过人的手纹、相貌及生辰八字来破译生命的奥秘和隐私的。但由于手段落后,水平低劣,加之其他原因,很难给出准确的表述。

而基因的发现,是现代科学第一次向人类宣告了生命预测的可能性。据说用不了多久,如果法律允许,每个人都可以拿到一张自己的基因组图,这张图记录着一个生命的奥秘和隐私。假如是一个孩子，凭借这张图就可以知道这个孩子将来是什么性格，是不是色盲，会长多高，会不会秃顶，是胖是瘦，什么时候会患什么病，什么时候死亡，也就是说，基本可以知道这个孩子一生的命运。

基因是表现其遗传性状的物质基础。如不同人种之间头发、肤色、眼睛、鼻子等不同，这是基因差异所在。种瓜得瓜，种豆得豆，决定一个物种之所以是这个物种，是由它的遗传信息决定的。一个人会自杀，是因为他生命体内有自杀基因。英国布里斯托大学精神健康学家乔纳森·堤文博士和戴维·纳特教授找到了一种自杀的基因，并认为它能导致某些人产生自杀行为。目前，科学家还不能定量测算出有"自杀基因"者就存在自杀的必然性。有"自杀基因"并不意味着一定会自杀，但自杀者一定带有"自杀基因"。一个人是否长寿，也和基因有极大关系。法国科学家就发现了长寿基因。

他们研究了 3 万名长寿者，发现不少研究对象体内均带有两种基因的特定变体。这两种基因能帮助他们对抗致命的老年疾病，特别是心脏病和老年性痴呆症。这个研究组的负责人科恩博士说，带有这两种特定基因的人，颐享天年的机会比普通人高 2 倍。离婚问题也不完全是感情问题，还有基因在作怪。这是英国科学家最近对 3 500 名已婚者调查后得出的结论。他们认为，离婚因子先天就有。主持这项研究的维克多·约金博士发现,离婚原因的一大半取决于配偶的性格,而女人的性格比男人更有决定因素。他们发现,父母离婚的孩子结婚后,离婚的危险要比常人高出 10 倍,其中一个主要原因是遗传基因在作怪。

人的一切外观和行为都是基因的外在表现,声音也不例外。每个人都有自己独特的音色,正像每个人的长相、指纹不尽相同一样,即使孪生子,也是如此。人的声纹如同指纹一样,是长期稳定的密码。任何模仿者都不能逼真模仿他人的全部音色和其他要素。破译了基因也就破译了人的声纹。验声研究还表明,嗓音和个人特征有密切关系,如身高体壮的大汉和瘦弱者的嗓音就有很大差别。此外,根据一个人的语音特征,就可以推断出他的身高、体型、年龄、长期居住地,以及受过何种教育、从事何种职业等一系列内涵,因为声音语言负载着人体基因信息。

知道了上述一切,就会明白长期以来困扰人类的生命预测不再是神话,可以说破译了生命基因也就破译了生命的全过程。

(选自《大科技》1999 年第 9 期,有改动)

阅读点拨

自从有了生命，人类便没有停止对生命的探索，基因的发现，使人类对生命的预测成为可能，一个人还可能拿到一张记录着自己生命的奥秘和隐私的基因组图。作者并没有停留在对基因的解释上，而是紧紧围绕"基因密码与生命预测"，说明基因支配着生命的基本构造和性能，储存着生命孕育、生长、凋亡过程的全部信息，揭示生物体的生、长、病、老、死等一切生命现象。作者有意留下基因解释这一"空白"，让读者有兴趣进一步去探索，这也许是科普文章独特的功能吧。

破译汉族人体质密码

李　鹏

　　汉族人究竟长什么模样？汉族人究竟有什么体质特征？这个看似简单的问题却是个千古疑问。如今，"千古之谜"终于有了科学的答案。天津师范大学牵头启动了有史以来最大规模的汉族人体质调查，该项目历时 4 年，调查测量了 3 万余名"典型"汉族人，完成了"汉族体质人类学研究"，破译了汉族人体质密码。调查显示，在人的"长相"中有些细节真的是"南北有别""长幼不同"。

　　2009 年，天津师范大学与内蒙古师范大学、辽宁医学院联合启动了有史以来最大规模的汉族人体质调查。

　　马丁尺、弯角规、直角规……在郑连斌教授的工作室里，这些测量工具在近 4 年里，从约 2.5 万个汉族人身上每人量取了 86 项指标。如果对这些数据分省进行统计，甚至可以画出各省汉族人的"标准脸"。不仅如此，郑连斌和他的课题组还通过对近 1 万人的 25 项遗传指标的调查，发现"人与人"之间更多细微的不同。

　　研究发现，各个民族体质形态特征有一定的差异，不同的民族会有各自的体质特征变化规律。"汉族体质人类学研究"项目通过最基础的数据测量,为汉族人建立了一份详尽的体质档案。

为了尽量保证数据的典型性,课题组刻意避开北京、上海、天津这样人口流动大的大城市,而是以方言特征作大致分类,到各省中小城市和农村,对在当地世居三代、身体健康的汉族成年人分年龄组进行测量、调查。

2013年2月,该成果发表在我国权威科学期刊《科学通报》第4期上,通过该项研究,可以了解到我国南方汉族人在体质方面随着年龄增长发生的一些有趣变化。研究显示,汉族人"双眼皮"率高,鼻翼突度中等,发黑、眼褐、肤黄、头圆,多为中腿型。相对来说,北方人鼻根较高、面部扁平、颧骨高、嘴更小。南方人鼻翼宽、面部立体、嘴也大。而在身材上,北方人皮脂更厚、"又高又胖",但南方人的身体骨骼和肌肉发育都比较好,身体的线性度也更明显些。

如今,"中国汉族人体质人类学数据库"即将建成,南北差距、生长变化等人与人之间许多细微的差异初见端倪。这些数据对生物学、遗传学研究和美容、服装等行业有一定的实用价值。

"随着年龄的增长,南方汉族成人的头、额、面的宽度都在减小。"内蒙古师范大学生命科学与技术学院李咏兰副教授表示，人的头发厚薄、头侧皮下脂肪厚度对头宽值有一定影响。到了老年，由于头发明显稀疏，头侧皮下脂肪减少，所以头会变得狭长些，额头会变低，头围值也随之下降。

研究发现，面宽值的减小，与颧弓处软组织厚度下降有一定关系。其次，随着年龄增长，人的颏（kē）下脂肪组织会变厚，从而使面部拉长。

"我们的研究也发现，南方汉族人的五官也会随年龄增长而改变。"李咏兰解释说。上了年纪后，南方汉族人两眼内角之间的距离会变小，即两眼距离更近了。测量数值显示，60 岁以上组男性的两眼内角间距离比 20～39 岁组减少了 1.0 毫米，而女性的这一数值则减少了 0.6 毫米。这是因为，黄种人的眼内角处有一个小小的皮褶，叫作"蒙古褶"，蒙古褶的出现率会随年龄增长而明显下降，从而导致眼距缩短。而随着年龄的增长，南方汉族人鼻子的宽度则会增加，这与鼻翼的形态变化有关。

研究还发现，随着年龄的增长，南方汉族男性、女性的嘴唇厚度会明显变薄。例如，男性下嘴唇厚度近似值从 20～39 岁组的 9.1 毫米，减小到 60 岁以上组的 7.6 毫米；女性下嘴唇厚度近似值从 20～39 岁组的 9.4 毫米，减小到 60 岁以上组的 7.3 毫米。其原因在于，上了年纪后，嘴唇会往口腔里缩，所以一些老年人的上嘴唇特别薄。由于老年人的嘴唇变薄，鼻和口之间的距离会增大，人中就变长了。

"另外，我们根据对南方汉族人的研究也证实，成年人的耳朵会越来越长，宽度也会增加。例如，60岁以上组男性耳朵长度为67.1毫米，与20～39岁组相比增加了5.1毫米；宽度为32.1毫米，增加了1.6毫米。这是一个很有意思的发现。"郑连斌说。长期以来，在我国民间有种说法，即年龄越大耳朵越长，这次从学术角度得到了印证。

年龄增长，我们的耳朵为何会越来越长呢？郑连斌表示，有两种可能：其一是成年后人耳还在继续缓慢生长，其二是耳的皮肤下垂造成的。但究竟是哪种原因，还是两者共同作用的结果，还有待于继续研究。

（选自《科技生活》2013年第11期，有删节）

阅读点拨

基因的发现，也为科学家研究人体提供了新的思路。本文就从"南北有别""长幼不同"研究人的"长相"细节，汉族人"双眼皮"率高，鼻翼突度中等，发黑、眼褐、肤黄、头圆，多为中腿型，随着年龄的增长，南方汉族成人的头、额、面的宽度都在减小。这些研究成果，为汉族人建立了一份详尽的体质档案，记录不同年龄段、不同地域汉族人的体质信息，为医学、遗传学、生物学等学科研究提供数据依据。

谈 寿 命

高士其

　　地球上的生命活动，远在 5 亿年以前就开始了。最初的生命，是以蛋白质分子的身份出现在原始的海洋里的。

　　往后，越来越多的原始生物，包括细菌、藻类和以变形虫为首的单细胞动物集团，一批又一批地登上生命的舞台。

　　这些原始生物，都是用分裂的方法来繁殖自己的后代的。一个母细胞变成两个子细胞之后，母体的生命就结束了。所以它们的寿命都极短暂，只能以天或小时来计算，最短的只有 15 分钟。

　　当单细胞动物进化到多细胞动物，寿命也就延长了。

　　例如大家所熟悉的蚯蚓，就能活到 10 年之久。印度洋中有一种大贝壳，重 300 千克，被称作软体动物之王，在无脊椎动物世界里，创造了最高的寿命纪录，能活到 100 岁。

　　一般说来，昆虫的寿命都很短暂。成群结队飞游在河面湖面的蜉蝣(fú yóu)，就是以短命而著名的，它们的成虫只能活几小时，可是它们的幼虫却能在水中活上几年。

　　蜻蜓的寿命只有一两个月，它们的幼虫能活上一年左右;蝉的寿命只有几个星期,而它们的幼虫竟能在土里度过17年的光阴。

鱼类的寿命就长得多了。在福州鼓山涌泉寺放生池里所见到的大鲤鱼,据说都是100年以上的动物;杭州西湖玉泉培养的金鱼,也都是30岁以上的年纪了。

在长寿动物的行列中,乌龟的寿命要算最长的了。英国伦敦动物园里保存着一只巨大的乌龟,也许现在还活着,它的年纪已经超过300岁了。听说非洲的鳄鱼,也能达到这样的高龄。

达到100岁以上的动物,还有苍鹰、天鹅、大象以及其他少数罕见的动物;一般猛禽野兽和家禽家畜之类,寿命都在10岁到五六十岁之间。

在一般的情况下,它们都不能尽其天年,或者为了人类营养的需要而被宰吃,或者因为年老力衰得不到食物而饿死,也有的因为气候突变或传染病而致死。

至于人类的平均寿命,在黑暗的欧洲中世纪,只有20～30岁,这连许多高等动物还不如。

文艺复兴以后,这个统计数字不断地在增长着。

现在在有一些国家,人的平均寿命已经达到70多岁的标准,这个标准比一般动物的寿命都要高,而百岁以上的健康老人也常有所闻。

在我们现代社会,对于人的关怀,是从诞生前就开始的,因而婴儿的死亡率大大下降，各种保障制度都已建立起来。政府又大力提倡体育运动，以增强人民的体质。这一切，对于延长人民的平均寿命都具有深远的影响。

随着医学的进步，爱国卫生运动的发展，危害人类的传染病逐渐消灭，就是那可怕的癌症的防治工作也有了不少进展。

近年来，科学家对于征服衰老的斗争，起到了令人鼓舞的作用。许多新方法给我们带来了新的希望。

人能活到150岁以上，还不是人类寿命的极限。这句话，不能说是过分乐观的估计吧！

（节选自《细菌世界历险记》，北京日报出版社2016年版）

阅读点拨

作者用轻松的笔调、对比的手法来描绘每一个生命的寿命，从单细胞原始生物说起，谈到多细胞动物、各种类型的动物，一直谈到人类的寿命，娓娓道来，如拉家常，把一些深奥的科学道理在不知不觉中深深地印在读者的脑海里。有了前面的铺垫，作者重点说明的还是人的寿命，医学的发展、卫生条件的改善、体育运动的普及，展示了人类长寿的光辉前景。

百 年 震 柳

梁 衡

地震能摧毁一座山，却不能折断一株柳。

1920 年 12 月 16 日，宁夏海原县发生了一场全球最大的地震。是日晚 8 时，风暴大起，四野尘霾，大地颤动，山移、地裂、河断、城陷。黄土高原经这一抖，如骨牌倒地，土块横飞。老百姓惊呼："山走了！"有整座山滑行三四千米者，最大滑坡面积竟毗（pí）连三县，达 2 000 平方千米。山一倒就瞬间塞河成湖，形成无数的大小"海子"。地震中心原有一大盐湖，为西北重要的产盐之地。湖底突然鼓起一道滚动的陡坎，如有人在湖下推行，竟滴水不漏地将整个湖面向北移了一公里，称之为"滚湖"。所有的地标都被扭曲、翻腾得面目全非。大地瞬间裂开一条 237 千米长的大缝，横贯甘肃、陕西、宁夏。裂缝如闪电过野、利刃破竹，见山裂山，见水断水，将城池村庄一劈两半，庄禾田畴被撕为碎片。当这条闪电穿过海原县的一条山谷时，谷中正有一片旺盛的柳树，它照样噼噼啪啪，一路撕了下去。但是没有想到，这些柔枝弱柳，虽被摇得东倒西歪，断枝拔根，却没有气绝身死。狂震之后，有一棵虽被撕为两半,但又挺起身子,顽强地活了下来,至今仍屹立在空谷之中,这就是那棵有名的震柳。

　　我不知道这株柳,该称它是一棵还是两棵。它同根,同干,同样的树纹,头上还枝叶连理。但地震已经将它从下一撕为二,现在两个半边树中间可穿行一人,而每一半也都有合抱之粗了。人老看脸,树老看皮。经过百年岁月的煎熬,这树皮已如老人的皮肤,粗糙、多皱、青筋暴突。纹路之宽可容进一指,东奔西突,似去又回,一如黄土高原上的千沟万壑。这棵树已经有 500 年,就是说地震之时它已是 400 岁的高龄,而大难后至今又过了 100 岁。

　　看过树皮,再看树干的开裂部分,真让你心惊肉跳。平常,锯开一根木头,无论从哪个方向切入,那剖面上的年轮图案都幻化无穷,美不胜收,以至于木纹装饰成了我们生活中不可或缺的风景,木纹之美也成了生命之美的象征。但是现在,面对树心我找不到一丝的年轮。如同五马分尸地裂闪过,先是将树的老根嘎嘎嘣嘣地扯断,又从下往上扭裂、撕剥树皮,然后再将树心的木质部分撕肝裂肺,横扯竖揪,惨不忍睹。但是,这棵树并没有死。地震揪断了它的根,却拔不尽它的须;撕裂了它的躯干,却扯不断它的连理枝。灾难过后,它又慢慢地挺了过来。百年来,在这人迹罕至的桃源深处,阳光暖暖地抚慰着它的身子,细雨轻轻地冲洗着它的伤口,它自身分泌着汁液，小心地自疗自养，生骨长肉。百年的疤痕，早已演化成许多起伏不平的条、块、洞、沟、瘤，像一块凝固的岩石，为我们定格了一段难忘的岁月。

柳树这个树种很怪。论性格，它是偏于柔弱一面的，枝条柔韧，婀娜多姿，多生水边，所以常被人作为多情的象征。唐人有折柳相送的习俗，取其情如柳丝，依依不舍。贺知章把柳比作窈窕的美人："碧玉妆成一树高，万条垂下绿丝绦。不知细叶谁裁出，二月春风似剪刀。"但在关键时刻，这个弱女子却能以柔克刚，表现出特别的顽强。西北的气候寒冷干旱，是足够恶劣的了，它却能常年扎根于此。在北国的黄土地上，柳树是春天发芽最早、秋天落叶最迟的树，它尽力给大地最多的绿色。当年左宗棠进军西北，别的树不要，却单选中这弱柳与大军同行。"新栽杨柳三千里，引得春风度玉关。"柳树有一种特殊的本领，遇土即根，有水就长，干旱时就休息，苦熬着等待天雨，但绝不会轻生去死。它的根系特别发达，能在地下给自己铺造一个庞大的供水系统，远远地延伸开去，捕捉哪怕一丝丝的水汽。它木性软，常用来做案板，刀剁而不裂；枝性柔，立于行道旁，风吹而不折。

我想，海原大地震的震波绕地球三圈，移山填河，夺去了28万人的生命，而这一株裂而不死的古柳却能够存活下来，它肯定是要对后人述说点什么。

（选自《人民日报》2016 年 8 月 10 日）

阅读点拨

大自然中的生命，更值得我们敬畏和礼赞。作者用昂扬的格调、凝练的文笔，介绍了一棵在地震中"裂而不死的古柳"，它似乎在向人们诉说，100 年前那场巨大的悲剧和不能忘怀的历史；告诉后人，面对灾难不要灰心丧气，而应坚韧不拔，坚强坚守；启示后人，生命具有惊人的力量，她可以创造奇迹，拥有生命就会拥有希望和未来。

我 思 我 行

理解感悟

◆ 本单元的几篇文章都以探索生命奥秘为主题，作者将科学性和趣味性很好地结合在一起。 请你说说本单元作者是怎样突出科普文章的趣味性的。

实践拓展

◆ 为了把事物描写得吸引读者，作者往往要在说明中增加一些趣味性。 思考下列科学事物的科学性和趣味性可以从哪些方面表现。

- 人为什么会脸红？
- 小壁虎的尾巴为什么掉了？
- 细菌是有害的，它有益处吗？

◆ 以你熟悉的同学为观察对象，比较他们和他们的父母在身材、体型、长相上有哪些相似的地方，写一篇调查报告。

阅读延伸

《细菌世界历险记》（高士其　著）

　　本书所收录的作品由科学童话、科学小品、科学趣谈三个部分构成。科学童话《菌儿自传》的主人公菌儿是千千万万细菌中的一员，全书以菌儿自述的方式写成，菌儿时而在呼吸道里探险，时而在肠腔里开会，妙趣横生。高士其爷爷把细菌对人类的危害以及人们如何预防细菌写得淋漓尽致。科学小品和科学趣谈部分选取了数十篇精彩短文，虽然每篇不过数千字，却能带人领略科学世界的绮丽风光，而且这些短文以细菌学为主，但是常常旁征博引，涉及整个自然科学领域。高士其爷爷用拟人化的手法，通俗易懂的语言，将深奥、神秘的科学世界讲得形象生动，为我们展现了一个精妙的科学世界。

第三单元

生态趣谈

　　大自然中的生物与生物之间是相互制约、相互依存的。生物在长期进化过程中,逐渐形成对空气、光照、水分、热量和无机盐类等的特殊需要。任何生物个体之间有互助也有竞争,植物、动物、微生物之间也存在着复杂的相生相克关系。人类为满足自身的需要,不断改造环境,环境反过来又影响人类。于是,科学家们把目光投向大自然的生态环境,一批反映生态环境的科普文章应运而生。

　　阅读本单元的科普作品,从认识人类生存的环境入手,关注人与自然环境的关系,明确保护生态平衡、保护环境的重要性,学会与大自然中的动植物和谐相处。

萤火虫的缤纷世界

李国政

　　中国有着悠久的萤火虫文化。早在先秦时期的《诗经》中，萤火虫就已成为先民的关注对象，诗中"町畽（tǐng tuǎn）鹿场，熠耀宵行"就是描述萤火虫的。古代诗人常借萤火虫抒情达意，唐代杜牧的"银烛秋光冷画屏，轻罗小扇扑流萤"，便是千古绝唱。"囊萤夜读"的故事家喻户晓，也曾激励过无数学子发奋努力。

　　现代人是不再需要"囊萤"来夜读了。到20世纪40年代，科学家受萤火虫发光器的启发，发明出荧光灯。萤火虫发出的荧光是一种生物光，它不同于其他的光会伴生热量的损耗，是目前已知的唯一几乎没有热损耗的光源，因此也叫"冷光源"。荧光灯的发明大大提高了能源使用率，但与萤火虫的发光率相比还差得太远。

　　最近，研究人员在研究萤火虫发光器时，还意外发现了一种锯齿状排列的鳞片，它可以提高发光器的亮度。科学家将其应用在二极管（LED）的设计中，制作出模仿萤火虫发光器天然结构的LED覆盖层，可使其效率提高50%以上。这种新颖设计可能会在几年内应用在 LED 生产中。

萤火虫特有的虫荧光素酶基因，在基因工程中也越来越多地作为遗传标记的首选来检测基因表达。人们不但利用萤火虫的基因检测癌细胞，还利用基因转移技术把萤火虫的基因转移到玉米中，较快地培育出新的具有抗病虫害的玉米新品系。

萤火虫还是血吸虫病的防疫助手，水生萤火虫的幼虫吃包括钉螺在内的螺类，而钉螺正是血吸虫的唯一宿主。萤火虫体内的腺甙（dài）鳞酸，可作为一种优异的检测剂来检测水的污染程度。萤火虫喜欢植被茂盛、水质干净、空气清新的环境，凡是萤火虫种群分布的地区，都是生态环境保护得比较好的地方。

遗憾的是，如今，萤火虫在部分地区已越来越少见。除了自然天敌外，人类也成了萤火虫最大的"天敌"。美国一些医药公司为了获取萤火虫体内特有的虫荧光素和虫荧光素酶，出价购买萤火虫，导致人们大肆捕捉萤火虫。在日本，20世纪 60 年代的工业污染和城市扩张，致使萤火虫幼虫的生存率直线下降。

萤火虫求偶时，雌雄之间会发出特异的闪光信号以吸引异性并交尾，然而城市的亮光干扰了它们的闪光交流。当萤火虫感知到外界灯光时，就会停止发光、飞行、求偶，最终导致种群减少甚至灭绝。去年夏季，一些城市刮起萤火虫展览热，千里迢迢从外省引入萤火虫，然后在公园放飞。但萤火虫的很多种类年复一年地在同一个栖息地聚集、交配，即使栖息地遭到破坏，也不会迁往别处。萤火虫成虫的唯一使命就是繁殖，寿命很短，长的也就十几天。萤火虫本就不适合长途迁徙，如果在运输途中耽搁时间太久，目的地栖息环境又不太合适，它几乎活不了几天，繁殖就更是不可能了。不少专家为此呼吁：与其引进萤火虫，不如改善自然环境。

那些曾在林间泽畔"熠耀宵行"的萤火虫，如今已与我们渐行渐远，靠人工引进不能"引"来它们的回归。萤火虫是自然的，也是文化的，但归根结底是自然的，因而要靠自然来解决。而且，保护萤火虫不能光着眼于一个物种，而是要通过保护整片栖息地来保护许多物种。如果做到这一点，引来的肯定不只是萤火虫。萤火虫如是，熊猫如是，白鹤也如是……总之，我们应多想想如何对自然更友好，与万物共存共荣。

（选自《北京日报》2014 年 4 月 2 日）

阅读点拨

　　本文既说明了中国悠久的萤火虫文化，又说明了萤火虫对照明技术、基因工程发展和生态环境保护的重要作用，以及萤火虫的生存现状和保护萤火虫的方法。造成萤火虫数量下降的原因有很多，主要是人类的大量捕捉和城市的光污染。萤火虫是自然的，也是文化的，但归根结底是自然的，萤火虫是大自然的一分子，对它的保护要遵从大自然的规律。

蓝藻的"庐山真面目"

赵序茅

　　长期以来人们对水资源的不合理开发与利用,造成严重的水体富营养化状态,为蓝藻的暴发提供了条件。

　　2015年6月14日,安徽巢湖西坝口至双桥河段1.5公里沿湖水面出现大片蓝藻集聚现象,一时间湖水被染成绿色。小小的蓝藻究竟为何物? 我们一起来看看它的庐山真面目!

　　蓝藻是最原始、最古老的藻类,大约在34亿年前就已经在地球上出现。蓝藻能进行光合自养。近代研究发现,蓝藻没有细胞核、色素体、线粒体及内质网,且其细胞壁的主要组成也是粘缩肽(tài),这些都与细菌相似,因此被归入原核生物,称为蓝细菌。

　　蓝藻本身没有多少危害,就怕蓝藻上浮形成水华。蓝藻的生长经历越冬休眠、春季复苏、生长和集聚上浮等阶段。蓝藻上浮能够改变自身在水中所处的深度,从而获得适宜的光能和充足的营养盐。所以蓝藻上浮是水华暴发的关键阶段。尤其是水体达到富营养化状态,在一定的光照、温度等条件下,上浮蓝藻大量暴发性繁殖和聚集,形成肉眼可见的藻类聚集体,在水面形成绿色或其他颜色类漂浮物。

很多高等动物在中国都濒临灭绝,小小的蓝藻为何有如此神奇的生存法力?这还要从蓝藻自身的能力说起。与其他水生生物相比,蓝藻具有较强的生物竞争机制,具体表现为休眠机制和二氧化碳浓缩机制。休眠机制是指蓝藻可形成厚壁孢子,在环境适宜时,这些休眠体可以在底泥中生长,并由底泥上升到水体中进行繁殖。此外,在低浓度的二氧化碳介质中,蓝藻可通过主动吸收、高效利用外源无机碳,在细胞内积累比介质高几百到几千倍的二氧化碳浓度。

水体的化学、物理因素也是蓝藻水华暴发的重要外部条件。

从化学因素来看,水体氮磷营养过剩是导致蓝藻水华发生的一个主要原因。氮是藻类自身的组成元素,磷直接参与藻类光合和呼吸作用、酶系统活化和能力转化等过程,两者都是藻类生长和水华发生不可缺少的。

从物理因素来看,主要有适应的温度、光照、风力、潮流。蓝藻水华一般在温度较高(水温在 $28\sim32℃$)、潮流较缓的条件下暴发。光照时间越长,蓝藻获得能量越多,越有利于合成各种细胞组成成分,促进细胞生长繁殖。

看到蓝藻的能力和对外界的需求,你是否已恍然大悟?长期以来人们对水资源的不合理开发与利用,导致大量氮、磷营养元素的污染物质不断排入海洋、江河、湖泊和水库等水体，造成严重的水体富营养化，为蓝藻的暴发提供了得天独厚的条件。只是，可惜了无辜的受害者。蓝藻暴发，对于其他物种无疑是灭顶之灾！

蓝藻水华对于人类的危害是部分有毒蓝藻细胞破裂后，会向水体中释放毒性物质，比如微囊藻毒素，从而影响人类正常的生产和生活。

蓝藻形成水华时，一方面将严重抑制浮游植物利用光合作用产生氧气；另一方面也阻隔空气中的氧进入水体，导致水体中溶解氧严重不足。长时间出现缺氧或亚缺氧状态，会使水体持续恶化：沉水植物由于藻类的遮挡，无法获得充足的光照，而不能进行光合作用，导致其在水体中死亡腐烂，进一步破坏水质；水生生物也会窒息而亡，造成生态失衡。

近年来，针对蓝藻的危害，很多科研人员进行了大量探索，也摸索出了几种有效的方法，可是始终是治标不治本。其实想要彻底将蓝藻清除并不现实，蓝藻在湖泊中是客观存在的，就像人体中存在癌细胞一样，当达到生态平衡时，蓝藻不会大面积显现出来，而一旦水体富营养化加剧，"癌细胞"就会疯狂地扩散，导致"机体"死亡。

（选自《中国科学报》2015 年 6 月 19 日）

阅读点拨

　　作者介绍了蓝藻的前世今生,说明了太湖氮、磷污染的严重性,进而指出巢湖大规模的蓝藻暴发主要是人为因素。人类污染环境,环境必将报复人类。人类与自然要和谐相处,保护环境不是口号,而是实实在在的行动。

大自然在反抗

[美]雷切尔·卡逊

我们冒着极大的危险竭力把大自然改造得适合我们的心意，但却未能达到目的，这确实是一个令人痛心的讽刺，但是很少有人提及。

生物学家波里捷说："昆虫世界是大自然中最惊人的现象。对昆虫世界来说，没有什么事情是不可能的。"

这种"不可能的事情"现在正在两个领域内发生。通过遗传选择，昆虫正在发生应变以抵抗化学药物，不过现在要谈到的一个更为广泛的问题是，我们使用的化学物质正在削弱环境本身所固有的、阻止昆虫发展的天然防线。

世界各地的报告很清楚地揭示了一个情况，即在用化学物质对昆虫进行了十几年控制之后，那些被认为已在几年前解决了的问题又回过头来折磨我们，而且只要出现一种哪怕数量很不显眼的昆虫，它们也一定会迅速增长到严重成灾的程度。我们已搬起石头砸了自己的脚。

现今一些地方，无视大自然的平衡成了一种流行的做法。今天的自然平衡所面临的状况好像一个正坐在悬崖边上而又盲目蔑视重力定律的人一样危险。人也是这个平衡中的一部分。有时这一平衡对人有利，有时它会变得对人不利。当这一平衡受人本身活动的影响过于频繁时，它总是变得对人不利。

人们在制定控制昆虫的计划时忽视了两个重要的事实。第一个是，对昆虫真正有效的控制是由自然界完成的，而不是人类。昆虫的繁殖数量受到限制是由于存在一种被生态学家们称为环境的防御作用的东西，这种作用从第一个生命出现以来就一直存在着。昆虫学家罗伯特·麦特卡夫说："防止昆虫破坏我们世界安宁的最重大的一个因素，是昆虫在它们内部进行的自相残杀的战争。"然而，现在大部分化学药物被用来杀死一切昆虫，无论是我们的朋友还是我们的敌人。

第二个被忽视的事实是，一旦环境的防御作用被削弱了，某些昆虫的真正具有爆炸性的繁殖能力就会复生。托马斯·修克思勒曾计算过，一个单独的雌蚜虫在一年时间中所能繁殖的蚜虫的总量相当巨大。

没有一个人知道在地球上究竟有多少种昆虫，现在已经记录在案的昆虫已超过70万种。这些昆虫的绝大多数都被自然力量控制着，而不是靠人的任何干涉。糟糕的是，往往在这种天然保护作用丧失之前，我们总是很少知晓这种由昆虫的天然敌人所提供的保护作用。

这种起天然保护作用的昆虫种类繁多。黄蚂蚁捕获那些不移动的蚜虫,并且用它们的汁液去喂养幼蚁。黄蜂在屋檐下建造了柱状泥窝,并且将昆虫充积于窝中,作为黄蜂幼虫将来的食物。黄蜂飞舞在正吃着料的牛群的上空,它们消灭了使牛群受罪的吸血蝇。大声嗡嗡叫的食蚜蝇,把卵产在蚜虫出没的植物叶子上,而后孵出的幼虫能消灭大量的蚜虫。瓢虫,也是一个最有效的蚜虫、介壳虫和其他吃植物的昆虫的消灭者。草蜻蛉靠捕食蚜虫、介壳虫或小动物为生,每个草蜻蛉都能消灭几百个蚜虫。

昆虫存在着这样的天然特性,因此它们一直都是我们在保持自然平衡使之倾向于对我们有利一面的斗争中的同盟军。但是,现在我们却把炮口转向了我们的朋友。一个更可怕的危险是,我们已经粗心地轻视了它们在保护我们免受黑潮般的敌人的威胁方面的价值。

杀虫剂数量逐年增加,环境防御能力的全面持续降低正在日益明显地变成无情的现实。随着时间的流逝,我们可以预料昆虫的骚扰会更加严重,并且将超出我们已知的范围。

你会说:"这种情况肯定不会真正发生——无论如何,在我这一辈子里将不会发生。"但是,它正在发生着,就在这儿,就在现在。如安大略的黑蝇在喷药后,数量比喷药前增加了

16 倍;在英格兰,随着喷洒一种有机磷化学农药而出现了白菜蚜虫的严重暴发。虽然有理由认为杀虫剂在对付要控制的那种昆虫方面是有效的,但它们却打开了整个盛放灾害的潘多拉盒子。

加拿大昆虫学家 G·C·尤里特 10 年前曾说:"我们必须改变我们的哲学观点,放弃我们认为人类优越的态度。"

(节选自《寂静的春天》,吕瑞兰、李长生译,上海译文出版社 2014 年版,有删改)

阅读点拨

大自然在反抗什么呢? 这篇科普文章向人类敲响了警钟。昆虫通过遗传选择,正在发生应变以抵抗化学药物;曾被化学药物控制的昆虫,不但又回过头来折磨人类,而且还会以更为严重的方式暴发性繁殖。文章通过列举黄蚂蚁捕食蚜虫、黄蜂消灭吸血蝇、瓢虫消灭蚜虫等具体事例,证明"大自然有天然保护作用,无须靠人为的干涉"这一观点。作者指出人类使用化学药物控制虫害的做法破坏了大自然平衡,导致自然灾害日趋严重,表达对人类至今仍未意识到过多干预大自然最终会导致更大灾难的忧虑。

没 有 天 堂

赵鑫珊

在东西方宗教中都有一个假设：在地球之外的某个地方有一个天堂，那里尽是金碧辉煌，尽是山珍海味，没有尘世的种种苦难和悲惨。这假设中的天堂，纯属子虚乌有，纯属幻想。要知道，除了地球，我们没有其他的任何星球可去！

月球、火星、金星……是万万去不得的。人类只能生存在地球上，在别的星球上，人类无法生存，更无幸福可言——这就是"我们只有一个地球"这句口号的含义。

如果人类能够快乐地生活在月球、火星或金星上，并且还可以把 60 亿人统统移民过去，那么"我们只有一个地球"的口号就是多余的。

摆在人类面前的出路只有两条：坚决控制地球上的人口，下决心保护地球生态环境；或将人类统统移民到别的星球上去居住。

但这后一条出路几乎是不可能的。比如，在月球表面上如何建造密封式的居住空间就是个大问题。月球上没有大气，它是一个完全没有生命的世界——夜间极冷（－166℃），白天奇热（99℃）。

在世界工业化之前，地球只能供给 10 亿人的温饱。假如我们现在决定不搞工业化，那么 50 亿人就必须离开地球。而在决定哪 50 亿人离开地球的这场混战中，我们所有的人都会死去。

把我们的工厂搬离地球生物圈，进入太空，让它们高悬在我们头顶上几千千米之外，那也是不现实的。

火星同样不适合人类生存，那里的昼夜温差达 100℃，气候极寒冷并且干燥，大气非常稀薄，主要是二氧化碳；火星大部分的水贮存在冻土圈的地壳层中，地表到处是干旱的荒漠。

金星的英文名称是维纳斯（Venus），听起来很美、很温柔，但名不副实。其大气和表面对人类的生存也抱有敌意。金星稠密云层的下面，是个巨大的、炎热的、以二氧化碳为主的气体的海洋，或者说是一层厚厚的碳酸气浓雾——除非是一些特殊植物，动物是无法呼吸、生存的。

更有甚者，金星的表面温度高达 465℃，大气压力比地球高出 90 倍。这样的生存环境，简直是个酷热的地狱。今天的金星地表还在不断发生地震，熔岩四溢，且伴有雷鸣闪电。

过去，金星上也有氧气，两极也有冰雪，只因大气中的二氧化碳日渐积聚，形成温室效应，入射的太阳光不能向外散发，表面温度日渐增高，氧气的生成越来越少，两极的冰雪全部融化、蒸发。从此河川消失，地面日渐沙漠化，生物亦被一扫而空，成了今日干旱的不毛之地。如果 21 世纪地球的污染得不到有效控制，那么金星的今天便是地球的明天。为此，我们大家有理由不寒而栗。

最近我读了一些鼓吹人类到地球以外的行星上去另谋生路的文章，之中最著名的是美国得克萨斯大学艺术和人类学教授透纳的《到火星上去生活》，文中乐观地声称，将火星改造成一颗可供人类居住的行星正在变得越来越可行。他的口号是："把火星改造成为花园吧！"——通篇都是诗人的幻想，而不是严谨的科学论证。

如果我们都对火星或者金星的严酷自然环境缺乏想象力，那就请把目光转向新疆的塔克拉玛干大沙漠。它是世界上最大的流动沙漠，"塔克拉玛干"的蒙古语意思是"进去出不来"。这是一片 32 万平方千米的死亡沙海！我可不愿意看到整个地球有朝一日变成塔克拉玛干。

在宇宙太空中，地球原是一条很安全的、很舒适的小飞船。如今它因人类的错误触了点礁，漏了些水，人类理应积极行动起来，亡羊补牢，拨正航向，这才是唯一的出路，而不是弃船逃走。

听听在航天飞机上负责地球观测、摄影的飞行专家斯普林格说的话吧：

"实际上,在飞船上你能一瞬间瞥见整个大陆,至少是从东到西的大陆。你能看到,最有价值的财富是陆地;你还能看到,地球环境里发生了什么事情。当你看到到处都有被砍伐的森林的地块时,心里真有一种说不出的滋味。这迫使人们认识到,我们必须要开始保护我们的环境,要比现在做得更好些。"

因为,天堂是没有的。

(节选自《天地徜徉录》,重庆出版社 2002 年版,有删改)

阅读点拨

题目《没有天堂》已经向读者表明:东西方宗教中的"天堂"是虚幻的,宇宙太空中没有其他星球适合人类移民和生存;地球是我们唯一的家园;人类应面对现实,放弃各种幻想;地球已经出现各种问题,人类应该立即行动起来,解决这些问题。文中描述了人类寄予希望的火星上大气与地表的状况,从而论证人类移民外星球的不可能性。作者想要警告我们,天堂是不存在的,还是保护我们人类赖以生存的地球吧!

蓝蝶的光辉

沈致远

　　亚马孙丛林中的雄性蓝蝶带有醒目的彩虹般蓝色光辉。蓝蝶的光辉如此强烈,其奥妙在于它的翅膀具有独特的光学性能。有的竟能反射 70% 的蓝色光线,远远超过蓝色涂料的反射率。这引起了科学家和工程师们很大的兴趣,正在对其原理进行研究。

　　人们在 100 多年前就发现蓝蝶的翅膀有独特的光学性能,但直到最近才开始了解蓝蝶翅膀的反光机理和精巧的结构。蓝蝶的翅膀上覆盖着许多由单个表皮细胞构成的微小的几丁质鳞片,这就是触摸蝴蝶翅膀时会沾手的粉。用显微镜观察鳞片,发现鳞片表面刻有许多脊状突起的平行排列的羽状物。"羽毛"的主干两边生出若干分支,分支的长度沿主干从根到梢逐渐变短。这种结构类似于人造的多层介质反射镜,但结构更为精巧。

　　人造的多层介质反射镜由许多层透明介质构成,其反射光具有很强的方向性:对接近垂直入射的单色光线具有极高的反射率,但对斜入射光线的反射率却很低。换言之,观察者只能在很小的角度内看到反射光束,略为偏离就看不见了。令科学家们大吃一惊的是:蓝蝶翅膀的反光是广角的,能见的视角竟高达 100 度! 蓝蝶翅膀的这种奇妙光学性能的秘密在于其羽状物的分支并非完全位于同一平面内,而是各具有略为不同的倾斜角,这种安排使得反光的视角大为增加。蓝蝶的翅膀也具有颜色选择性,其羽状物的尺寸恰好能增强蓝光的反射,而且其分支越多,反光就越强。

蓝蝶耀目的光辉是干什么用的呢? 原来是用来作为其占领区的警号,使别的雄性蓝蝶在远处就能看到,知道趋避。它的蓝光越强,其示警作用就越显著。

目前,有一些研究机构正在研究蓝蝶的反光机理,想加以仿造,应用于各个方面。

首先想到的应用是:既然反光如此强烈而醒目,就可以用来作为公路上的路标。另一个可能的应用是改善电脑的平面显示器。

军事部门想将之用于可随环境变换的新型迷彩伪装。原来蓝蝶翅膀的反射光颜色是由羽状物的尺寸决定的,改变尺寸就可以变换颜色。例如,可用于水陆两栖的军用车辆,在水中行驶时变为闪耀的银白色,在陆上行驶时变为花斑的草绿色,像变色龙那样神出鬼没,岂不大妙!

由此,可以想象到的另一个应用是时装,如能仿蓝蝶翅膀做出具有特殊反光性能的衣料来,少女穿上由这种衣料制成的时装,将在时装展示台上大出风头。

最重要的应用是有价债券的防伪。现代彩色复印机已能仿造出几可乱真的假钞,但是再先进的复印机也无法伪造出具有精细立体结构的蓝蝶翅膀来。一家印制塑料钞票的公司对此颇感兴趣,认为具有极大的应用潜力。制造假钞的罪犯们做梦也想不到,亚马孙丛林中美丽的蓝蝶将成为他们的克星。

纽约州立大学的一位昆虫学家说:"蓝蝶做到了工程师们试着做但却未能成功的事,它精细地调节了翅膀的反光率。"另一位研究者说:"人们看到其复杂性,感到模仿并非易事。"迄今为止,正在研究中的人造模仿物,在光学性能上仍无法与蓝蝶的翅膀相比。

自古以来,蝴蝶就被认为是最具浪漫色彩的,不是吗?从"庄生梦蝶"的迷思,到梁山伯与祝英台双双化蝶的凄美神话,无不勾起人们浪漫的遐想,如今蓝蝶又为蝴蝶的神话增添了新的篇章。原来蝴蝶的翅膀上竟有如许奥妙,使科学家自叹弗如,工程师竞相仿效。

(选自《实用汉语教程》,上海教育出版社 2010 年版,有删改)

阅读点拨

　　这篇文章让我们对"仿生学"有了更加直观的了解，小小的蓝蝶发射的光辉，竟然在现实生活中有如此多的应用。本文语言准确、严密，如"迄今为止"一词，说明了到目前人们研究的人造模仿物，在光学性能上仍无法与蓝蝶的翅膀相比。

大自然的智慧

赵大年

蜘蛛天生就会结网捕食。它在体内制造黏性、韧性很高又无色透明的"隐形"蛛丝，选择蛾蝶蚊蝇等飞虫活动的林间通道巧妙织网，然后躲于暗处。一旦有自投罗网者，信息立刻由蛛丝传递给蜘蛛，而它会迅速赶到，咬住"俘虏"，将自制的麻药通过牙齿注入"俘虏"体内，使其丧失抵抗或逃跑的能力，然后再美美地饱餐一顿。若一下子捕获多个"俘虏"，一时吃不完，蜘蛛就会用蛛丝将其捆绑起来，留着以后再吃。要问这些本领和计谋是谁教它的，生物学家也无法给出确切的答案，只好笼统地说是蜘蛛的本能。其实，人类对于自然界的奥秘知之甚少。聪明人不妨学习大自然的智慧——人类编织渔网就是从蜘蛛那里学来的。网，真是个改变人类的巨大发明呀！人类自从学会了张网捕鱼，至今已经衍生出多少有形和无形的网啊，公路网、铁路网、航空网、法网、关系网、通信网、互联网——天罗地网！只是忘了感谢蜘蛛。

亚马孙森林里的大蜘蛛的网可以缠住鸟雀，即使鸟雀使劲扑棱也挣不断这神秘的蛛丝。经测定，蛛丝的韧性强于钢丝，而且重量轻得多。经检测，蛛丝的成分都是蛋白质之类的有机物，若能人工合成，可能是一种用途广泛的新材料。

出于同样的想法，人们发现多种昆虫的外皮又薄又轻又有韧性，譬如蝗虫的外骨骼，既能保护内脏和肌肉，支撑全身，又可以让蝗虫轻盈地弹跳、飞翔，这种外皮也是很好的材料。最近美国科学家研制的"昆虫皮肤"，就是分析了昆虫外皮的成分，取得甲壳素和若干蛋白质的配方，相当容易地进行了人工合成。甲壳素也很容易获取，大量的虾壳、蟹壳、鱼鳞都能变废为宝。这种新材料的强度与铝相当，却轻得多，成本也低得多。加水多少可决定其柔软度，可根据需要制成不同的形状，可自然降解，能保护环境。由于其生物相容性，在医学上用途广泛。

莲"出淤泥而不染"的特性早就为人所知，而我国文人以此比喻君子的品格。德国科学家则仔细审视莲叶的表皮，在显微镜下，发现莲叶的表皮上有无数乳凸状的颗粒，连水珠都不沾。把炭粉撒在莲叶上，用水一冲，莲叶洁净如初。他们按照莲叶表皮的性质制作出了一种具有"自洁性能"的薄膜，用于车辆和建筑物表面，一场雨或一阵风就可以清除浮尘，从而节省了许多人力。

为防野兽伤害，有巢氏教部族里的人学习鸟儿"结木为巢，编堇(jǐn)而寝"。燕窝、蜂房的结构完全符合力学原理，而北京奥运会的主场馆取名"鸟巢",也是人们对向鸟儿学习的一种纪念。粗略地想想,人类向大自然学习的事例太多了:冷兵器时代的盔甲和现代的装甲战车,大概是学习甲壳动物(譬如乌龟、穿山甲)的自我保护之法;鱼体内有鳔(biào),充气则浮,排气则沉,潜水艇就学了这一招;军人的迷彩服,一如动物的保护色;运动员阻力最小的游泳衣,模仿的是鲨鱼皮;蝶翅美丽的图案移植到布上,巧夺天工;乌贼也许是施放烟雾的祖师爷;跳蚤肯定是跳高的冠军……

我写过一篇散文《羡慕蜗牛》,说的是住房困难时突发奇想,蜗牛怎么知道生下来就应该背着一间房呢?此文获奖,是评委对敝人的同情。今天看来,学习蜗牛者大有人在:部队行军带帐篷;成吉思汗远征军带着蒙古包;美国兵带着睡袋,在朝鲜的冰天雪地里钻进睡袋也冻不着,可惜他们聪明过了头,既学蜗牛又学蚕——作茧自缚,因此我们的志愿军只需在睡袋外面帮他们拉上拉锁就足够了,抓个俘虏,小菜一碟。

蒲公英给它的孩子们每人一把伞,让它们随风飘去,播种四方。胡杨树给它的种子设计了辐射型的细毛,让它们随风滚转到水土适宜处再扎根生长。蒺藜(jí lí)有点儿霸道,让它的孩子们浑身长满倒钩刺,钩住动物的腿脚或人的裤腿,可免费旅行,待到你把它摘下,怕扎嘴又不敢吃,扔到地上则正中其下怀。美哉，蒲公英、胡杨、蒺藜！它们共同的智慧，就是不让孩子在自己的"福荫"下生活，不要子女跟自己争夺身边这点儿水分、养料、阳光。我们为什么不学习它们的生存理念，偏要挤在闹市的雾霾下买高价房呢？世界大得很，好男儿志在四方，虚心学习大自然的智慧吧，这是一门既古老又时髦的学问——仿生学。

（选自《人民日报》2012 年 5 月 21 日，有删改）

阅读点拨

文章一方面说明大自然中有很多可供人学习的生存理念，另一方面说明人类对于自然界中的奥秘知之甚少。"大自然的智慧"给人类的生活带来了许多影响，如人类从蜘蛛织网捕食学会了编织渔网，按照莲叶表皮的性质制作出的薄膜用于车辆和建筑物表面，将蝶翅美丽的图案移植到布上，根据鱼体结构仿制潜艇，部队行军学蜗牛带帐篷。本文语言生动，善用修辞。

我 思 我 行

理解感悟

◆ 本单元选编的科普文章都反映了大自然生态与环境保护，有两篇与"仿生学"密切相关。 请列举现代社会的科技成果中，哪些是受到大自然中生物的启示而研究出来的。

◆ 《大自然在反抗》揭示了人类在破坏生态环境中的哪些事例？ 这对我们有什么样的启发？

实践拓展

◆ 分小组办一期以"科普文章大家谈"为主题的手抄报，并在班上进行评价，选出优秀作品参展。

◆ 在班上举行一次读书交流会，谈谈自己阅读科普文章后的收获和体会。

《蚂蚁的故事》（[德]荷尔多布勒、[美]威尔逊　著）

　　《蚂蚁的故事》是一本全面介绍蚂蚁的书，由德国科学家荷尔多布勒和美国科学家威尔逊合著。在这本妙趣横生的书中，作者对蚂蚁的生存方式，蚂蚁独特的社会形态、严密的社会组织、科学的社会分工等进行了详细的介绍，解释了为什么蚂蚁在自己的世界里会取得那么惊人的成功。作者的研究结果表明，蚂蚁世界里来自群体成员中精诚合作的"快捷且难以抗拒的"力量，是蚂蚁战胜自然及众多天敌而继续有效生存、发展壮大的主要原因。

第四单元

预言梦想

  丰富的想象几乎是所有科普文章的共同特点。当我们使用手机和千里之外的亲人通话的时候，当我们看到机器人阿尔法狗（AlphaGo）战胜围棋世界冠军的时候，当激光、直升机从幻想变成现实的时候……我们是否想到，这些在若干年前，也许只是科学家头脑中的画面或科普作家笔下描绘的图景。科普文章不仅记录已有的科学成果，还承载了预言梦想的功能。

  本单元所选编的科普文章，都用丰富的想象，为我们描绘了美好的科学前景，或预言未来必将发生的事情，或描述过去曾经有过的美好憧憬。想象或者幻想不是臆想，更不是妄想，一定有强大的科学理论作为支撑。

人类何时飞出太阳系

李建云

　　宇宙航行是当今人类最远大、最美好的理想。我国著名科学家钱学森指出,宇宙航行分为两个阶段:第一阶段为航天,即冲出地球大气层,在太阳系的广阔空间内活动;第二阶段为宇航,即冲出太阳系,到银河系和河外星系更加广阔的宇宙空间活动。

　　人类的航天时代,如果从 1957 年苏联发射第一颗人造卫星算起,已有 40 多年的历史。这期间,人类挣脱了地球的引力,飞出了地球村,登上了月球。可人类总嫌飞天的步伐太慢,总以焦急的心情盼望着——何时才能飞出太阳系,进入宇宙时代! 20 世纪 70 年代人类放飞的太空天使"先驱者"和"旅行者"探测器,到目前已飞行了二三十年,跋涉 60 亿千米,已飞越了最远的冥王星轨道,但它是否已飞出了太阳系呢?

　　其实,太阳系的边界十分广阔,如果以太阳风影响所及的范围来计算,半径可达 135 亿～180 亿千米;如果以太阳的引力所及的范围计算,半径可达 15 万亿千米,约 1.5 光年。由此可见,上述的飞行探测器离太阳系的边界还差得很远很远。从宇宙的尺度来说,太阳系只是沧海一粟,跨越一条小河沟容易,要跨越大洋,就必须具备足够的条件。就目前人类对宇宙的了解认识和所具有的航天技术而言,要实现宇航是远远不够的,还远远不能达到飞出太阳系的要求。目前及今后的十年内,人类主要是重点开展太阳系内的航天活动,并开展一系列的科学研究,努力取得一些突破性的研究成果。

对于飞出太阳系的航行来说,眼下还只是一张白纸,任凭人们去设计、去幻想。目前人们的设想之一是必须开发质量小、作用时间长和高能的空间动力能源,如电能火箭、激光火箭、核能火箭以及微波动力飞船、激光动力飞船、反物质推进星际飞船等等。必须大大提高宇宙飞船速度,以每秒几百千米、几千千米、几万千米、十几万千米甚至以接近光速的速度飞行,这样,人们在数十年的有生之年,才有可能飞出太阳系,去别的恒星系、银河系或更遥远的河外星系进行星际航行。

何时能飞出太阳系,取决于我们地球人类的智慧和科学技术的发展水平。努力吧,也许在几十年、上百年后,人类向往星际航行的梦想就会成为现实。

(选自《气象知识》2000 年第 5 期)

阅 读 点 拨

这篇文章既总结了人类飞向太空的历史,又展望了星际航行的美好未来。作者从 1957 年苏联发射第一颗人造卫星写起,一直写到 20 世纪 70 年代"先驱者"和"旅行者"探测器的发射成功,但远远没有达到飞出太阳系的目标,因为现在的航天技术,还远远不能满足飞出太阳系的要求。但只要我们不懈努力,未来还是有可能实现星际航行的梦想的。

人造器官：从科幻中走来

张安玲

日前，生物学杂志《细胞·干细胞》刊登的一篇文章轰动了学术界。这篇文章中称日本科学家已经培育出了一种具有免疫缺陷的猪，这种猪因缺乏某种在免疫系统中起到重要作用的基因，因此免疫功能较弱，对外部组织的排斥也较少，从而使得在猪体内培育人类肝脏等人造器官成为可能。那么，这是否意味着人造器官在不远的将来，会由幻想变成现实了呢？

难在排斥反应

2008年4月，美国科学家在实验室成功培育出再生膀胱，并且顺利移植到了7名患者体内；2011年，瑞典外科医生首次将一个完全"成长"于实验室中的人造气管成功移植入患者体内。这些移植的器官都是用患者自己的细胞，借助生物支架的基础培育而成的。当前科学家们正在为培育出人造心脏、人造肾脏等器官而努力。

但要想普遍实现异种器官移植，必须要克服两大难题——免疫排斥和病原微生物感染。

人类自身的免疫系统犹如一支军队，护卫着身体不受外来细菌和病毒的侵略，也清除体内出现的"非己"成分。外来器官移植的同时，会带来其他身体的细胞，免疫系统就会将这些"非己"成分视为侵略者，试图将其消灭，这就是"免疫排斥"。现在临床医学上解决免疫排斥问题通常是服用药物，抑制这支部队的战斗力，使外来的细胞得以定居。但与此同时，服用抗免疫排斥药物却大大增加了接受者感染病原微生物的风险。猪的器官在大小、结构等解剖学和生理学指标上与人体的器官大体接近，例如，人的体温为 36～37℃，猪的体温为 36～37℃；人的心率为 60～100 次/分钟，猪的心率为 55～60 次/分钟。因此，猪成为人类理想的器官供体。但是猪的体内有多种病毒，给人类移植在猪体内培植的器官，人也有可能会感染猪体内的这些病毒，这使得将猪作为器官来源的器官移植存在很大的风险。

忧在伦理之争

人造器官的培育和移植已取得很大突破，但这条路对人类来说依然任重而道远——除了技术难题，我们还面临着更多伦理问题。

试想，如果身体内跳动着一颗猪的心脏，器官接受者会有何感受？经过临床实验发现，器官移植后会对人的生理和心理都产生影响。年长的人身上移植了年轻人的肾脏,头发会变黑;脾气温和的人移植了脾气暴躁的人的心脏后,脾气也会变暴躁。那么,我们是否可以大胆假设:如果将猪的器官移植到人身上,人是否会显示出猪的某些特征?如果某人在生育前接受了异种器官移植,他的下一代的基因会不会带有猪的成分?又或者,如果有一天人造大脑技术成熟,我们将一个人的大脑或人工培育的大脑移植给另一个人,那这个人还是原来的他吗?他会变成什么样子?这些都是人造器官可能引发的伦理困局。

在这个移植过程中,作为"容器"的动物,又会不会因为曾经注入过人类干细胞,而具有某种人类特征?在动物的体内培育人造器官大体上是这样一个过程:将人的骨髓中的干细胞注入动物的胚胎中,然后待这个胚胎发育成完整的动物后,将所要移植的器官从培育出的动物身上摘除移植给人。这样,该"动物"体内就会具备一定比例的人类细胞。以猪为例,当人类干细胞注入猪的胚胎时,猪的全身各个器官都具备了一定比例的人类细胞,从四肢到内脏,甚至大脑,那这只"猪"还能叫作猪吗?2002年,美国两位科学家把人类干细胞植入绵羊的早期胚胎里,结果在生育下来的这只小羊的血液、肌肉和心脏里,发现了40%的人类特质。您是否意识到,《人猿星球》的剧情不仅仅是科幻了?

而且，病人从动物身体获得的人造器官是否带有动物病毒，也是必须考虑的问题。一旦动物病毒在人体内寄生下来，或者出现更为严重的情况——动物病毒与人类病毒结合，变异为新的病毒在人群中传播，人类该如何应对？

这其中还有宗教信仰和文化的问题。某些动物在一些民族中被视为"信仰"之物或者"禁忌"之物。如果较大规模地用这些动物的身体来培植人体器官，他们是否会难以接受？

或许，这些问题将随着科学技术的发展而逐步解决，科幻电影中的永生，将成为可能。

（选自《光明日报》2012 年 10 月 20 日，有删改）

阅读点拨

这篇文章把我们从科幻中拉回现实，人体器官移植已经从幻想变为可能。文章叙述了科学家在猪的体内进行人造器官培育研究的经过，两个小标题"难在排斥反应""忧在伦理之争"就把研究过程中的困难明确地表达出来。而现在，这一设想已经成为现实，80 后科学家杨璐菡博士和她的研究团队使用基因编辑技术，一举解决了将猪器官移植到人体内的关键难题。

熠熠发光的虚拟现实技术

刘 露

2010 年上海世博会已在全球瞩目之中落下了帷幕,但是,"永不落幕"的网上世博会却依然吸引着无数游客的眼球。世博史上首个"在线世博"成为中国举办世博会的一大创举,"在线世博"充分利用和借助 3D、虚拟现实和互联网技术将上海世博会的精彩内容以虚拟和现实相结合的方式呈现出来,打造出一个能够进行三维体验和互动交流的综合性网络平台,为世博会插上数字化的翅膀,使世博会得到更广泛的传播。上海世博会惟妙惟肖的网上展馆以及 2.8 亿次的点击访问量,已经让虚拟现实技术展现出了巨大的吸引力。

虚拟现实是一种可以创建和体验虚拟世界的计算机系统。它充分利用计算机硬件与软件资源的集成技术,提供了一种实时的、三维的虚拟环境,使用者完全可以进入虚拟环境中,观看计算机产生的虚拟世界,听到逼真的声音,在虚拟环境中交互操作,有真实感,可以讲话,甚至能够嗅到气味。

"虚拟"与"现实"两词具有相互矛盾的含义,把这两个词放在一起,似乎没有意义,但是科学技术的发展却赋予了它新的含义。

虚拟现实的关键技术可以包括以下几个方面:①动态环境建模技术;②实时三维图形生成技术;③应用系统开发工具;④系统集成技术。使用者不仅能够通过虚拟现实系统感受到在客观物理世界中所经历的"身临其境"的逼真性,而且能够突破空间、时间以及其他客观限制,感受到真实世界中无法亲身经历的体验。

现在虚拟现实技术已经和理论分析、科学实验一起,成为人类探索客观世界规律的三大手段。当人们需要构造当前不存在的环境(合理虚拟现实)、人类不可能达到的环境(夸张虚拟现实)或构造纯粹虚构的环境(虚幻虚拟现实)以取代需要耗资巨大的真实环境时,就可以利用虚拟现实技术。

虚拟现实技术的应用前景十分广阔。它始于军事和航空航天领域的需求——早在 20 世纪 70 年代,美国便开始将虚拟现实技术用于培训宇航员。随后,这种省钱、安全、有效的虚拟方法被推广到各行各业中。例如,克莱斯勒公司 1998 年初便利用虚拟现实技术,在设计某两种新型车上取得突破,首次使设计的新车直接从计算机屏幕投入生产线,也就是说完全省略了中间的试生产过程。

近年来，虚拟现实技术更是大步走进工业、建筑设计、教育培训、文化娱乐等各个方面，逐渐改变着我们的生活。而在虚拟现实技术的应用领域，基于互联网的应用开始显现出前所未有的爆发力。

国内为数不少的数字科技馆、数字规划馆、数字博物馆都已经开始采用虚拟现实技术。馆内展品都经过虚拟现实技术得到了 1∶1 的数码还原，供人们在网上"端详""赏玩"。

此外，根据国外媒体的报道，澳大利亚新南威尔士大学采矿工程学系，还利用虚拟现实技术开发出面向煤炭开采行业的培训系统，并为国外一些先进的采矿公司所使用。系统通过虚拟现实技术，模拟出矿坑内常见问题，让矿工们针对自主逃生、倒班前矿车检查、危险预警、隔离程序、瓦斯管理、煤层自燃等各个环节进行训练，以此降低矿难造成的伤亡。该大学采矿工程学系教授罗伯特·路易斯说："这个项目可以让人们更深刻地理解虚拟现实技术对人类的影响，它的作用远不止展示和娱乐。"

虚拟现实技术的应用领域日趋网络化、多元化，虚拟现实技术将与人类更加贴近，未来互联网的主角很有可能就是虚拟现实技术。

（选自《百科知识》2011 年第 1 期，有删改）

阅读点拨

在科技高度发展的今天，计算机技术日益深入人们生活的方方面面。本文从 2010 年上海世博会说起，引出说明对象，引起读者阅读兴趣。作者详细说明了虚拟技术的含义，文末以澳大利亚新南威尔士大学应用虚拟现实技术为例，说明了虚拟现实技术逐渐改变着我们的生活，对人类的影响范围很广。

自给自足的人体生物能发电

吴　迪

随着煤炭、石油等资源的日趋枯竭,环境恶化日趋严重,一些科学家为了开发更多的新能源,已把研究课题转向人类自身的生物能这一领域,利用人体生物能发电现已初见成效。

人体中存在着一些化学物质,它们之间在发生反应时会产生化学能量。在新陈代谢过程中,葡萄糖和氧分子的反应就有能量释放出来。若稍加利用,这种能量就可以转化为电能。根据这一原理,科学家开始了人体生物电池的研究。

据专家介绍,人体生物电池的电极是由两根长 2 厘米、直径约 1/7 000 纳米的碳纤维制成,在每根碳纤维的外层还涂有一种聚合物,此外还有一种作为催化剂的葡萄糖氧化酶。聚合物的作用是将碳纤维与葡萄糖氧化酶连接成一个电路,而葡萄糖氧化酶则是用来加速葡萄糖与氧分子的化学反应。这种人体生物电池在 37℃、pH 为 7.2 的环境下工作,很接近人体血液的温度和酸碱度。它产生的动力可以驱动一个监控糖尿病的小型传感器。

人体生物能发电还有其他形式。当一个人坐着或站立时，就会持续产生重力势能。此时，若能采用特制的重力转换器就能将这种能转换成电能。美国有一家公司将发电装置埋在行人拥挤的公共场所，外面是一排踏板。当行人从踏板上走过时，体重压在踏板上，使与踏板相连的摇杆向另一个方向运动，从而带动中心轴旋转，启动与之相连的发电机。

除此以外，人体生物能中的热能也可被利用。人每天都要散发大量的热能，而且是通过辐射传播出去。一般一个 50 千克重的成年人一昼夜所散发的热量约为 2 500 千卡。利用人体的热能制成的温差电池，可以将人体的热能转换成电能。这种温差电池做得很精致，只要放在衣服口袋里就能工作。它可以起到电源的作用，给助听器、袖珍电视机、微型发电机等供电，可谓是自己发电自己使用。

人体能源可以说取之不尽、用之不竭，而且没有污染。如此神奇的能源是我们每个人都具有的，充分利用它，便会为我们的社会节约更多的能源，希望这种新型的能源会越来越多地造福于人类。

（选自《能源科学的奥秘》，中国社会出版社 2006 年版，有改动）

阅 读 点 拨

随着环保形势日趋严重,寻找清洁能源成了 21 世纪科学家的不懈追求。本文介绍了利用人体生物能发电的各种形式,最后总结新型的能源将会造福人类,层次非常清晰。

10 年后，我们能烧"冰"

陈 斌 沈 俭

一种名为"可燃冰"的新能源矿藏有望在 10 年之后解决我们的能源问题。2005 年 7 月 16 日在沪举行的院士讲坛上，国家 973 深海项目首席科学家汪品先透露，在我国南海发现了储量巨大的"可燃冰"。目前国家已启动 8.2 亿元人民币的项目，造大型的勘探船，以便在南海深入寻找"可燃冰"资源。

据汪院士介绍，"可燃冰"是一种甲烷气体的水合物，大量存在于海底大陆坡上段 500～1 000 米处。其在海底接近冰点和近 50 个大气压的淤泥中，形成了冰雪般的固态。它外面看似冰，一点火却可以烧起来，原因是冰内含有大量的甲烷。如果把甲烷从冰中释放出来，体积将是水的 160 多倍。

汪院士表示，1 立方米的"可燃冰"燃烧，相当于 164 立方米的天然气燃烧所产生的热值。据粗略估算，在地壳浅部，可燃冰储层中所含的有机碳总量，大约是全球石油、天然气和煤等化石燃料含碳量的 2 倍。也就是说，"可燃冰"如能作为一种新能源，便能很大程度地解决能源问题。

据透露，我国已在南海海底发现了巨大的"可燃冰"带。

但目前这座新能源的宝库，在科学家中还存在不少争议。许多科学家认为，在导致全球气候变暖方面，甲烷所起的作用比二氧化碳要大 10～20 倍。这种矿藏在遭到破坏后，会导致甲烷的大量散失，从而使大气中的温室气体含量急剧增加。

除此以外，由于"可燃冰"埋藏于海底的岩石中，和石油、天然气相比，它不易开采和运输，世界上至今还没有完美的开采方案。

但这样一种新能源并不会因此就远离我们。汪院士预计，大约用 10 年时间，人类有望解决好"可燃冰"的开采和清洁燃烧的技术问题，届时大量的"可燃冰"便能用于应付能源危机。

（选自《东方早报》2005 年 7 月 17 日）

阅读点拨

2017 年 5 月，中国首次海域天然气水合物（可燃冰）试采成功，这一新闻距本文发表相隔 12 年时间，与文章预言的"10 年后，我们能烧'冰'"高度吻合。"可燃冰"是一种海底大陆坡上的冰雪般固态甲烷气体的水合物，开采后造福于民合情合理，但作者却客观地分析了开采"可燃冰"的利与弊，留有充分的余地。

人造石油新设想

杨 凡

石油不仅是重要的能源,而且也是工业中化工产品(如塑料等)的重要原料。但地球上石油的含量毕竟有限,科学家们预测,到 21 世纪末,地球上的石油资源可能会被开采殆尽。因此,寻找石油替代品已是大势所趋,这就提出了生产"人造石油"来替代原始石油的问题。

人 造 石 油

石油的主要成分是碳和氢,要生产出石油代用品来,其中的成分就必须以碳和氢为主。大家知道,煤作为一种燃料,也是以碳为主要成分的物质,其中也含有氢,但氢的含量却远远低于石油。由于煤在地球上的储量比石油大得多,因此有些科学家设想,将煤加上氢,并使其中氢的含量增加,当煤中的碳氢比例接近石油时,煤炭也就被液化成为人造石油了。这一设想不仅在理论上是有根据的,在实践中也已经完全能够做到。通常的办法是在煤中加氢之后再加上高压,这叫直接液化石油。还有一种办法是先将煤气化产生合成气体(主要由一氧化碳和氢气组成),再进一步将合成气体液化成液体燃料或化工产品,这叫间接液化。

南美洲的一些国家用间接液化技术生产出烃(tīng)类燃料、有机合成原料(如乙烯、丁烯及蜡类等)和富氢化合物,实现了煤的综合利用。而德国、日本、美国和中国都采用直接液化技术。我国已建成具有世界水平的液化实验室,并准备在山东兖(yǎn)州煤矿用煤进行液化生产人造石油的实际应用。

细 菌 造 油

我们知道,石油是深埋地下的古代动植物尸体,在地下的压力环境下,通过细菌转化产生的。于是,有些科学家便"异想天开":能不能让细菌帮助我们在很短的时间内制造出涓涓的石油呢?

其实,加拿大多伦多大学的魏曼教授很早就发现了几种能够"制造石油"的细菌。这些微生物的组织结构中,几乎80%是含油物质。在电子显微镜下,它们很像一个个塑料口袋,里面装满了油。魏曼把这类微生物放在一起,用二氧化碳喂养,就组成一个"微生物产油缸",结果在实验室里制造出 4 千克油,这种油很像柴油。

这类微生物体内的油是哪儿来的呢?原来不少微生物

不仅会"吃"碳氢化合物,而且还有"积存"碳氢化合物的本领。比如,有一种叫分枝杆菌的微生物,它能够产生类似于碳氢化合物的霉菌酸,像酿酒、制酱那样,经过酶的催化作用聚合到一起,就得到了一种真正的菌造石油。根据这个原理,建造一个人工湖,把微生物"放养"到水里,在水里溶解足够的二氧化碳,作为它们的"食物"。它们敞开肚皮,甩开腮帮,狼吞虎咽,大吃特吃,用不了多久,微生物便开始成千上万倍地繁殖,培养出来的微生物,可以用过滤器收集,然后送到专门的工厂里去"炼油"。

种 植 石 油

众所周知,石油是从地下开采出来的,可是现在却可以通过人工种植的方法生产石油。

原来,在色彩缤纷、千姿百态的植物世界里,存在一种生物石油资源。诺贝尔奖获得者、美国著名化学家卡尔文教授20世纪70年代首次在巴西的热带森林中发现一种香胶树,这种树每棵在半年之内可分泌出 20～30 公升(0.2～0.3 立方米)的胶汁,其化学成分同石油相似,不必经任何提炼,即可当作柴油使用。科学家们在澳大利亚北部也发现了两种可以提取石油的多年生野草——桉叶藤和牛角瓜。这些野草生长速度极快,每周长 30 厘米,如果人工栽培,每年可以收割几次。科学家们用溶解法从这两种野草的茎叶中提炼出一种白色汁液，然后再从中制取石油。在美国加州农场中也发现一种分布极广的被称作"黄鼠草"的野草，经科学家试验研究，每公顷（1 公顷＝0.01 平方千米）野草可提炼 1 000公升（1 立方米）的石油，人工栽培的杂交黄鼠草每公顷可出油 3 000 公升（3 立方米）。我国科学家在海南岛也发现了类似的产油树。

石油不仅在陆地上能种植，而且在海洋中也同样能够"种植"。科学家发现海洋植物海藻中的脂类含量达 67％以上，因此科学家将海藻精炼成类似汽油、柴油等的液体燃料用于发电的开发研究。美国能源部和太阳能研究所利用生长在美国西海岸的巨型海藻，成功地提炼出优质"柴油"。

与其他能源相比，生物石油资源除具有可再生的优点外，最大的特点就是几乎没有环境污染问题。如果在全世界范围内大力种植开发这种能源，那么对于缓解日益加剧的能源危机、减轻环境污染将起到重要作用。

（选自《百科知识》2010 年第 19 期）

阅读点拨

人类最大的危机是能源危机，因此，寻找新能源便成了广大科学家的共同追求。本文提出的"人造石油新设想"，就是以煤为原料，加上氢直接或间接液化出石油。除了人造石油，作者还用另外两个小标题提出了"细菌造油"和"种植石油"两种方式，而且指出所介绍的几种人造石油方法中，种植石油是最好的：一是能够缓解日益加剧的能源危机；二是可以减轻环境污染。相信作者的预言一定会在未来的科学研究中得以实现。

我 思 我 行

理解感悟

◆ 本单元选编的科普文章都从科学的角度预言科学想象将在现实生活中得到实现。 请你结合阅读过的科普科幻作品，列举出现代社会中的科技成果，哪些曾是作品中的想象现在得以实现的。

◆ 读了《熠熠发光的虚拟现实技术》一文，你是否为虚拟现实技术的应用而惊奇不已？ 请你发挥想象，简要描述一下虚拟现实技术在旅游景区中的应用。

实践拓展

◆ 在网上搜一搜你感兴趣的科普科幻作品，看看哪些文章能够预言未来。

◆ 关注我国最新科技成果，如我国在酒泉卫星发射中心用"长征二号丁"运载火箭成功将世界首颗量子科学实验卫星（简称"量子卫星"）发射升空，中国

航天科工集团正在论证研制最高时速 4 000 公里的
高速飞行列车……

阅读延伸

《动物解放》（[美]彼得·辛格 著）

  《动物解放》是澳大利亚著名伦理学家彼得·辛格的
代表作。 本书讨论人类怎样制造动物的痛苦，以及按照
伦理原则人应当怎样对待动物，是一本比较容易看懂的大
众读物。 书中揭露了当今人类为了自己的需要，残酷地
剥削动物，其中工业化养殖食用和动物实验，是造成大量
动物痛苦的主要方式。 作品促使读者严肃地思考我们应
当如何对待动物的问题。 从某种根本的意义来说，所有
的动物都是平等的，都天然拥有某些基本权利，但我们仍
然把世界上大多数有感知能力的动物排除在外。

第五单元

探索未知

在科学类的文学作品中,有一类作品非常引人注目,这就是科幻小说。它可以把视角放在若干年后,可以把读者引入一个在现实生活中并不存在的环境当中。在科幻小说中,往往表现的是某一科学发现或技术进步引起世界危机,或者沉迷于技术进步的人类如何走向毁灭。在科幻作家的笔下,探索未知世界从来就是永恒的主题。科幻小说最大的意义不是要教给读者什么科学知识,而是要激发他们对科学的思考。

本单元选编的一些科幻小说,无论情节如何离奇,人物如何怪异,但都能从现实生活中找到相似的情境,或者似曾相识的人物。在阅读时发挥自己丰富的想象力,从小说的人物、情节和环境中体会作者表达的主题,以及对未知世界的探索。

让我们说说话

夏笳

非得劳烦语言学家在深更半夜出面解决的问题，一定是个大问题。

凌晨 3 点，我被电话声惊醒。一个阴郁的声音说，让我立刻过去。我脱口而出：难不成有外星人来临？

在一个诡异的阴暗房间里，我和几个诡异的人一起看了一段诡异的录像：一群白色的海豹宝宝蜷成一堆，喧声迭起，听起来有点儿像在动物园，还夹杂着车库和幼儿园里的噪声。

"这是什么鬼？"有人率先发问。

我们听到了这样的解释：某实验室设计的这些智能玩具能够像新生婴儿那样从零开始模仿学习人类语言。设计资料说这些海豹宝宝能够最终掌握相当于 5 岁儿童的语言能力。

实验室员工将 100 个原型机打包，准备快递给公测用户。然而，它们的包裹被贴上了错误的标签。当这些快递包裹被定位、追回、开封之后，工作人员发现，这些本应安安静静趴着的海豹并未被关机，而是在发出奇怪的吵闹声。

"它们就像在用什么我们听不懂的外星语言相互交谈似的。"一个迟疑的声音穿破黑暗。

"这正是我们需要搞清楚的。"主持会议的黑衣男子面无表情地向我们点点头，说道，"这是否可能？谁教会了他们？请记住，这些海豹一直在包裹里面。"

"海豹宝宝包海报。"我自言自语道，幸运的是没别人听到。

"我知道一个类似的案例。ISN，尼加拉瓜手语，"刚才那个黑暗里的声音答道，"这是在 20 世纪七八十年代西尼加拉瓜一些学校的聋儿中产生的手语。"

"讲下去。"黑衣男子显然对此产生了兴趣。

"呃，在 20 世纪 70 年代之前，尼加拉瓜的听障人士鲜有交流。然后他们建立了一些职业学校并招收了几百名听障儿童。其中语言课程本来打算教会学生们几个西班牙语词汇的唇语，但是收效甚微。然而，学生们把校园、街道和校巴变成了成果丰硕的试验场，自己研究出了相互沟通的方法。尼加拉瓜手语，一种结合了手势和他们个人的、独特的、原生的符号体系的新型手语就这样迅速诞生了。这是我们唯一一次实际见证了一种语言如何凭空产生。"

"也许不是，"另一个声音打断道，"实际上，后来有人开发了能够发展出自己语言的机器人。他们让这些所谓的'语言机器人'走迷宫，同时让他们根据预设的各种音节发明新的词汇来描述不同位置。它们还得和其他同类交流各自的信息，于是又发展出关于方位和距离的新词。"

"我们怎么知道'语言机器人'们说的是什么？"第三个声音说，"会不会一个听起来人畜无害的单词，实际上，比如说，意味着'武装叛乱'？"

简陋的机器人密谋造反似乎挺搞笑，但是谁都没有笑。

"还有什么意见？"黑衣人环视四周。

"为什么是海豹宝宝？"我大声问。

"什么？"

"它们长得太奇怪。你们为什么不选择小猫或者小狗？"

"我觉得这不重要。"他耸耸肩。

"或许设计者想让他们显得尽可能的腼腆和无害，"我若有所思地说，"这是否意味着我们下意识地害怕会说话的生物？"

"你的意思是？"

"我想说，我们为什么不可以关掉屏幕，走出暗室，和这些……这些东西当面谈谈。我们不是相信它们已经发展出自己的语言了么？所有语言学家都知道，学习一门未知语言的唯一方法就是与母语人士交流，指着一个物体提问，并且也回答他们的问题。如果我们不先叩开密封包裹的大门并致以问候，我们就自然不会懂得他们在说什么。"

我跨过门，所有的海豹宝宝都安静下来用水晶般的大眼睛看着我。谢天谢地，海豹宝宝比有尖牙利爪的生物好太多了。我和第一次田野实践的时候一样，伸出双手告诉他们我没有藏着武器，尽管这个动作在他们的语言体系里可能什么意思都没有。

机器人不可伤害人类，而机器人必须保证自身的存在。

如此遥远，如此临近，如此充满未知。

"你好！"我用母语问好，然后耐心地等待。

离我最近的海豹宝宝把毛茸茸的爪子放在我平摊的手掌上，开口说话——听起来像大大的哈欠。

我尽力去模仿。这可能是在问好，或者仅仅是打哈欠。无论怎样这是一个不错的开头。

"让我们说说话？"我温柔地问道，"我们说说话，好吗？"

（选自 *Nature*，2016 年 6 月）

阅读点拨

本文是作者第一次用英文写作的科幻小说，在英国权威科学刊物《自然》杂志上发表。小说写一位语言学家跟外来物"小海豹"交流，从一个不同寻常的角度——语言进化的角度，探索了人工智能的世界。作者试图表明现在的机器人跟以往的机器人不同，要从新的角度来认识机器人，写出一些新的东西来。因此，作者试着用友好的方式摇摇那些机器海豹宝宝的小爪子，与它们说说话，为读者展现了一个崭新的机器人世界。

选 择 未 来

赵 航

桥栏上倚着一位体态轻盈的年轻女人,她极目远眺,似乎在欣赏春水东去的美景。她的怀里抱着一只宠物小狗。春风不停地吹拂着这个女人的鬓发。

这时,从远处走来 3 个年轻男子。中间一个穿着深蓝色的西服,身旁两个一个穿黑西装,一个穿白西装。3 人的脚步声由远及近,把这个女人的视线吸引过来,她的鬓发被风吹乱,遮到了脸上,她用一只手理了理,突然,她的宠物小狗发出了一声惨叫。原来小狗从她怀里掉了下来,不停地翻着筋斗往桥下坠去,最后"扑通"一声,落在水里,激起了数尺高的水花。

3 个男子看到这一场面,一起大笑起来。他们不理这个女人,继续前进。穿黑色西装的男子道:"看到了吧,史先生,刚才就是个很好的例子。俗话说'有因就有果',假如那个女人不回头看我们,那么她的小狗就不会掉到河里去;或者说,假如我们刚才不出现,她也不会失手让小狗坠到河里去。"

"是的,也就是说,一个人的命运或者世界的命运变化隐含在任何一个时间段里面。简单地说就是，任何一秒钟的变化，都可以给人和世界带来不同的未来。"另一个穿白西装的男子接着解释道。

"神奇的命运呀！"中间那个穿深蓝西服被称为史先生的男子想了一下，大悟似的惊叹道。但突然又有了疑问，"那么，你们公司对于改变人的命运成功率一般是多少呢？"

黑西装肯定道："当然是百分之百，我们通过改变你现有的时间和空间来改变你将来的命运！"

……

他们3人已经走到了一处空地上，边走边说，史先生听得入迷，用手支着下巴，在草地上来回走着。

"命运会随着外力的影响而不断发生变化！"黑西装说完，用手挡住了史先生，并且指了指他的脚下，原来史先生正要踩在草地上的一朵小花上，史先生挪开步子。黑西装继续道："如果你对我们公司的服务有兴趣，那我们来谈谈收费情况吧。对于我们公司预测未来的能力，请你放心，因为我们的营业执照是全国预测未来研究会批准的，并且是经过他们合法授权的一家合法公司。"

史先生听后道："全国预测未来研究会，我听过，他们对于世界、对于人命运的预测可以说是已经出奇的准确，简直达到出神入化、登峰造极的地步了。我相信你们，但你们可以先告诉我，我的将来如果执行你们的方案会出现哪几种情况吗?"史先生接口道。

黑西装从口袋里掏出了一个像手枪般大小的微型扫描仪器，对着史先生的头部进行了一番扫描，接着他看了一下扫描的结果，说道："3 种。"

"能告诉我是哪 3 种吗?"史先生问话的时候内心充满喜悦。

"如果你想知道，请你看一下我们公司的收费依据和协议书，假如你愿意，请签了这份合同。"白西装插嘴说道，并且从口袋里掏出了一个微型的笔记本电脑。

史先生看完收费依据和协议书，毫不犹豫地在白西装的电脑上与他们签下了一式三份的网络合同书。白西装收起签订了协议书的微型电脑，示意黑西装可以告诉史先生预测结果了。黑西装一边看着他的扫描仪器一边说道："一种是从现在开始你直接回家。这样你的命运是继续目前你的生活状况，两年后结婚、生子。白天工作，晚上回家，就这样平静地生活着。没有意外，一直到你 76 岁那年中风而死。"

"我实在不愿意过这样枯燥的生活!"

黑西装接着道："第二种是从现在开始你一直往东走，不休息，不停步，3 个小时后再回家。那么你的命运将是:一年后结婚生子，再过 3 年，你买彩票中了特等奖，但你的儿子会同时被人绑架，遭人撕票，原因是你不愿意拿出一笔钱赎救他，你的夫人因此发了疯。而你从此花钱无节制，浪荡两年后所有奖金被你挥霍一空。再过 4 年，你因酗酒死在一家小酒店里。"

"太不幸了。"史先生听了，像自己已经历过一般，悲痛地摇着头，"我不要这样的生活！""你还有选择最后一种命运的可能：就是你现在原地不动，一直等到太阳落山后再回家。3 年后的一天，你在家里被人打劫，而打劫你的其中一人是你小学时候的同学。他了解了你的一切之后，便邀你加入他们的黑帮组织。10 年后你将成为这个组织的头号人物。再过 3 年，你制造了几起令世人深恶痛绝的谋杀和爆炸事件。"

史先生沉思了一会："如果我选第三种，我的平时生活和最终结局将会怎样？""哦，你衣食无忧，但你将在你 57 岁那年死于一场意外的交通事故。""不错！'不能流芳百世，亦当遗臭万年'，我就选这样的命运吧！"

3 年过去了，史先生一直等待着他命运变化的那一天。当然，由于他知道自己的前途，所以很早就辞去了自己的正当工作，整天无所事事。

这天，他依旧在家里，躺在床上，眼睛睁得大大的，他正在呆看着墙角上的一处蜘蛛网。蜘蛛在网上动也不动，他好几次想伸手结束蜘蛛的性命，但一想起命运来，不知为什么，竟没有对蜘蛛下毒手。

外面传来了敲门的声音。"好了，抢劫的人来了。"史先生心里一阵惊喜。门开了，进来的是两个穿制服的执法人员。"你们是?"史先生问。

"我们是国家预测未来研究会的。""怎么，有事吗?"

"是的，我们是来改变马上就要发生在你身上的可怕命运的!""不，我知道，可我不要你们改变!"

"没用的，今天我们的介入，已经改变了你将来的命运，因为在你最近两年的命运安排里，我们是不出现的!"其中一个穿制服的说道。

"不! 不，我可是签订过合同的，你们不能改变!"史先生歇斯底里地喊叫着。"是的，和你签订合同的那家公司是我们授权的，但在 3 年前我们已经和它解除了一切关系。当然，我们为我们授权给这样的公司感到遗憾和耻辱! 这家为了金钱，专门制造恶人的公司，绝不能让它继续存在下去! 史先生，请你合作，目前你面临着两种命运的选择：一种是重新振作起来，开始你的正当生活；一种是和那家制造恶人公司的人一样，下半生在监狱里度过!"

（节选自《神奇的后悔药》，吉林人民出版社 2010 年版）

阅读点拨

人真的能预测未来吗？这篇科幻小说为我们提供了明确的答案：未来要靠双手去创造，而不是一味地等待。因为大多数人的生活就是这样，没有腰缠万贯，不被世人铭记，但可以拥有一个完整的家庭，和爱的人生活在一起，有一份稳定的收入。可小说中的史先生却为了追求未来刺激的生活，不惜用重金"订购"那种"不能流芳百世，亦当遗臭万年"的人生。结尾的反转给故事留下一条光明的尾巴，很好地突出了作者要表达的主题。

空中袭击者

绿 杨

鸟巢空间站如期在 4 月初来到接近金星轨道的地方。鲁文基教授将在这一时间和空间截获他的猎物,结束这场追踪已久的狩猎。

5 年前,哈雷彗星又一次回归的时候教授测量到它出现了一点微小的摄动,也就是说这颗彗星在它长达 76 年的旅程当中,曾与一颗具有强大引力的星体擦身而过。这当然不是太阳系里已经注册入户了的九大行星,它们的引力影响早已被掌握得一清二楚,计算哈雷彗星轨道时也是列入了的。那么,暗中捣乱的是谁呢?经过艰苦的计算,鲁文基算出了那捣乱鬼的运行轨道,这轨道是扁圆的,很长,一头在冥王星以外,另一头却跨到金星旁边。直觉告诉鲁文基,这可能是天文学界寻找了 2 个世纪之久的太阳系第十大行星。

老头子管它叫黑星,因为望远镜从未见到过它,因而也从未"入籍到户"。

他算准了这颗行星 3 年之后会来到近日点,就决心在这里捕获它。经过长期准备,捕捉的时刻终于来到了。

"鸟巢号"在预定的空间缓缓逡(qūn)巡,每隔6个小时对着黑星可能出现的空间拍摄一张照片,然后交给电脑去扫描,以便在密密麻麻的群星中找出一个刚出现的光点来。

4天过去了,扫描过的照片有厚厚一叠,但什么结果也没有。是计算出错了么?老头儿渐渐不安起来。又是7天过去了,教授由焦躁不安变为沮丧,守下去看来没有意义了,于是他默默考虑起有什么能保存面子的班师办法来。

这时电话响了。梅丽听了一会儿,慌慌张张地说:"教授,地面太空中心来的,说是这附近的巡天机队发现东北角有什么东西在飞行。问我们看到没有,要我们提防一点。"

教授一跳多高:"黑星到了!拍照!"

照片立即冲洗出来。果然,金牛座21星旁边出现了一个模糊的小斑点。教授兴奋地搓着两手:"差点错过了。"

梅丽已在雷达屏上看到那4架巡天飞机,并通过太空中心和机队接上了话。机队呼叫说:"我听到了,鸟巢小姐!我叫鲍雷,01号机。你看见UFO了吗?我想那是艘外星船。"

教授向梅丽拉长了脸:"别睬他。这帮太空骑士是轻骨头,一听到姑娘声音就胡诌(zhōu)。世界上根本没有什么UFO,你见过?"

梅丽连忙掩住送话器:"轻点!但是教授,照片上那个斑点边缘很模糊,确实不像颗行星。"

"你懂什么,它恰恰在我算定的时刻出现在我算好的轨道上,不是黑星能是什么! 等下一张照片出来你看好了,它将走进猎户座。"

太空中心又来话了:"鸟巢号,你能肯定那不是外星船吗? 它对地球有没有威胁? 注意,你的无线电没有加密,所有通讯社都听得见。"

梅丽在教授耳边说:"说话要留神,你实际上是在向全世界讲话。"教授点点头:"太空中心,我得看了照片之后才能回答。"

"你并没有排除外星船。能这样理解吗?"

鲁文基原先的话是滴水不漏的。他不能说没把握的话,因为一旦出错他的名声就有了污点,这对一位资深的老科学家来说是无法接受的。但是太空中心这么一说,颇有把他视同那些相信神秘的 UFO 的芸芸众生之列,他恼了,一恼之下便漏了嘴,"我敢肯定,它正运行在一条我早已计算出来的轨道上! 这条轨道就是今天即将被我截获的太阳系第十大行星的轨道! 你该明白这意味着什么了吧?"

梅丽拿着湿淋淋的照片从暗室跑出来,拼命地向教授摇手。照片上的斑点确实移进了猎户座,但在金牛座里又冒出了七八个新斑点。鲁文基顿时额上冒出了汗珠,总不能有十七八个大行星呀! 梅丽低声道:"赶快说两句转弯的话!"教

121

授还昏昏然不知讲什么,那边扩音器却传来鲍雷的急叫:"太空中心!前面出现了一大堆 UFO! 10 多个,20 多个了,像群黄蜂向我机队飞来!我打出信号了,我准备警告性射击了……哟!我机受到袭击!我机……"

声音没了。教授和梅丽下意识转向雷达屏,屏上只剩一架巡天机。呼叫又出现了:"太空中心!我是 04,其他 3 架都已爆炸。袭击武器不明,没有火光,没有辐射!请指示……"声音又没了。雷达屏上除了光刷还在扫描外,一片空白。

太空中心慌了:"04! 04! 你怎么啦?鸟巢号!你看见什么了吗?鸟巢号!你听得见吗?"

教授懵了,事态转变太突然。老头子脸上火辣辣的,不知该说什么:"我又没死,当然听得见。"

"究竟发生了什么事?是外星船入侵吗?"

鲁文基想不通怎么能不是黑星,但是现在一团乱麻似的,他不敢再鲁莽了:"等我再摄几张……"

太空中心逼得很紧:"鸟巢号!我得马上决定要不要发布全球战争动员令!还有疏散民众、毁掉所有暴露的核设施!你现在是唯一的现场观察哨,我要参考你的意见。"

"我说过了,必须再摄几张照片才能判断。"

"这当然需要,但那是下一步的报告。现在请你务必先估计一下,我不能等了。"

"那么让我考虑3分钟。"教授不待回答便关上送话器，叹口气道："难啊，小梅。"

"还犹豫什么呢，教授？巡天机都被击落了，星际入侵实际上已经爆发，而地球还迟迟未做动员，任何拖延都会导致人类灭种之灾啊！"梅丽打开送话器递到教授面前。教授伸手又把它关掉："我不能宣布这是一场外星入侵！"

梅丽脸色苍白严峻："教授，事态紧迫恕我急不择言：是收回你刚才关于黑星表态的时候了。这会使你大失脸面，但就是你这句话会使他们迟疑不决，不敢下动员令的！"

教授狠狠地拍了下桌子："根本不是为了脸面！你把我看得太卑鄙了。外星入侵只是鲍雷目测判断的，没有任何事实根据！"

"怎么没有？4架巡天飞机被击毁……"

"谁说是被击毁？只是失踪。梅丽，失踪的原因我不清楚，但不能想当然地归到袭击上去。目前，认定外星入侵还没有任何事实根据，而且你想想，入侵者既然拥有横越太空的高度技术，岂能愚昧到野蛮人般无故进行血腥屠杀？进行肆意的武力征服？不，这得有证据才行。"

梅丽说："那么你坚持只是颗行星也没什么证据呀，不也只是推理么？万一错了，不做战争准备后果可太严重了！"

教授又叹了一口气："是啊，我也正是为此犹豫不决的。

但是你的话也有道理,看来我只好采纳你的意见了。"教授拿起送话器:"太空中心! 我目前的看法是,唉,是——""鸟巢,我在听着。说吧!"

"是——不成熟的!"教授实在讲不出口。

"那当然,直说吧。"

教授欲言又止,沉默片刻后猛然下决心道:"好! 我看见的是行星!"

梅丽吓了一大跳。但更惊人的事接踵而来,空间站突然"轰"地一震连翻了两个筋斗,所有东西都飞了起来,骨碌碌滚来滚去。梅丽被摔得晕头转向,最后抓住了那把沙发椅。教授正吃力地从墙角地板上爬起来,满头鲜血地扑向窗口向外张望,窗口外面扭曲了的雷达天线挂了下来。梅丽叫道:"外星船开炮了! 教授,快通知太空中心!"教授不睬,径自左右转着头看那天线支架。梅丽见他不动便自己摇摇晃晃走过去打开送话器,哪知教授猛扑过来一把将她推得倒退几步跌在沙发上,然后抓起送话器,激动地大声叫道:"太空中心! 我正式向你报告,不明飞行物就是我在追寻的第十大行星!"

"你疯了,教授!"梅丽坐起身子恐怖地瞪着鲁文基。鲁文基讲完后摔开话筒过来搂着她的肩说:"梅丽,我怎么疯了? 你自己来看看。"

　　教授把她拉到窗前,天线支架像条葡萄藤般耷拉下来,丫杈上正好嵌着一块拳头大小的多棱石块。"是它击中了天线架。石头!外星人难道是石器时代用石头来进攻的吗?"

　　"你说是行星?第十大行星这么小?"

　　"笨蛋,这是那行星的碎块。我追寻的第十大行星是存在的,但我没预料到,很多年以前它解体了,变成一大堆碎块,这也许是另一颗过路的星体引力把它撕碎的。一部分碎块飞失了,但大部分仍沿着一定的轨道在运行,其中一块恰好今天打掉了我的天线塔。明白了吗?"

　　"哦,难怪照片上有那么一大堆斑点。"

　　"我本应早点就能想到的,特别是那些斑点十分模糊,实际上是一大团石块,不是整个星体。"教授敲敲自己脑袋,"还有,它的轨道那么扁长,完全不同于其他九大行星。我确实老了,不然早该想到这轨道也是被外力扭曲造成的。现在我们得爬出去把那石块拿下来,这就是最有力的证据。"

　　梅丽跑去拿来绷带:"让我先替你包扎一下。拿到标本后你就可以凯旋了吧?"

　　"啊,不!拿到石块后我得赶快逃命,因为还有一大团石块像黄蜂般飞过来哪!"

　　梅丽一边缠着绷带一边钦佩地说:"教授,你真镇静,在我慌了神的时候你还能仔细寻找击坏天线的原因。"

"我早说了，姜还是老的辣嘛！"老头子半个月来头一次露出得意的笑容。

（选自《科幻世界》1994年第6期，有删改）

阅读点拨

本文是《鲁文基科幻系列》中的一篇。在巡天飞机遭受袭击，空间站被碎石块砸中，是否要通告地球的严峻时刻，鲁文基没有慌乱，镇定地向太空中心报告了自己发现第十颗行星的结论。小说用大量自然科学知识融会贯通，构造情节，塑造了既有严谨的科学态度，又有大胆的猜测想象的天文学教授鲁文基的形象，对助手梅丽的性格也刻画得十分突出。

孩子最好的朋友

［美］艾萨克·阿西莫夫

安德森先生说："亲爱的，吉米在哪里？"

"在外面的环形山上，"安德森太太回答道，"他没事的。罗伯特和他在一起。——它到了吗？"

"到了。正在火箭站通过那些烦人的检查呢。事实上，我自己都等不及想看见它了。从 15 年前离开地球后，如果不算上电影或者电视的话，我还再也没有见到过一个呢。"

"吉米才根本没有见过呢。"安德森太太仿佛有些遗憾似的。

"因为他是月生人，又不能去地球看看，因此我才带了一个过来啊。我想这可能是月球上的第一个。"

"它可够贵的。"安德森太太话虽如此，脸上却带着微笑。

"可维修罗伯特也并不便宜啊。"

正如他妈妈说的，吉米正在外面的环形山上。从地球观点看，他有些纤弱，但对一个 10 岁的孩子来说，不如说他长得很高。他有着长而灵活的胳膊和双腿。穿上太空服，他显得厚重而矮胖起来，但他仍然能比任何一个地生人更好地适应月球引力。当吉米伸开腿以袋鼠那种跳跃方式前进的时候，他爸爸也跟不上他。环形山外面的斜坡向南面倾斜着，而低悬在南面天空的地球（从月球城看去，它总是在那个位置）已经几乎变成了完整的圆形，因此映得整个环形山的坡面上一片光明。

斜坡非常平缓，即使加上太空服的重量也不能阻止吉米向前急冲一跃，仿佛月球引力不存在一样飘浮在空中。"快过来，罗伯特！"他喊道。

罗伯特从无线电里听到了他的喊声，尖啸着随后跳了过来。

像吉米那样的行家也跑不过罗伯特，这家伙又不需要太空服，又长着4条腿，还一身钢筋铁骨。罗伯特跃过吉米的头顶，翻了个筋斗，正好落在他的脚边。

"别跑了，罗伯特，"吉米说，"跟在我边上。"

罗伯特再次发出尖啸声，这种特殊的尖啸声表示"是！"

"我才不信你呢，你这个骗子！"吉米喊着，然后他最后一跳，划出一道越过环形山顶的曲线落在里面的山坡上。

地球沉在了环形山顶的外面，他周围立刻被浓重的黑暗所包围。一阵温暖而友好的黑暗抹去了地面和天空的差别，除了闪烁的星光。

事实上，吉米本不该一个人在环形山黑暗的内部玩。大人们说那是危险的,但那只是因为他们从来没有去过那里。地面很平坦,踩上去嘎嘎作响,而吉米知道仅有的几块岩石每一块准确的位置。

另外,当罗伯特在他身边蹦来蹦去,又是尖叫又是闪光的时候,他在黑暗中跑一跑又可能有什么危险呢?就算没有它的闪光,罗伯特通过雷达也能知道它在哪里,吉米又在哪里。当罗伯特在身边的时候,吉米又怎么可能走错路呢?当他太靠近一块岩石的时候,罗伯特会轻轻地碰他的腿,会跳到他的怀里表示他是多么喜欢他;当吉米藏到岩石后面的时候,罗伯特或一面转着圈子,一面惊恐地低声叫着;而实际上在做这一切的同时,罗伯特总是清楚地知道他在哪里的。有一次他一直躺着而且假装受了伤,罗伯特就发出了无线电警报,月球城中的人们飞快地就赶来了。

正在吉米想着这些事情的时候,从他的个人波段传来他爸爸的声音:"吉米,回来,我有些事要告诉你。"

吉米现在脱下了太空服,洗了个澡。当他从外面进来的时候总是要洗个澡的,甚至罗伯特也要冲个淋浴。它四脚着地站在那里,小小的一尺长的身子轻微振动着发着微光,它小小的脑袋上没有嘴巴,只有两个大大的玻璃眼睛,还有一个小小的突起——那里是它的大脑。它不停地尖叫着,直到安德森先生说:"安静点,罗伯特。"

安德森先生微笑着："吉米，我们给你带了一份礼物。它现在在火箭站呢，等明天所有的检查都完成了之后我们就可以见到它了。我想我现在应该告诉你。"

"地球上的吗？爸爸。"

"孩子，是地球上的一只狗，一只真正的狗，一只小苏格兰狗，月球上的第一只狗。你再也不需要罗伯特了。你知道，我们不能把他们都留下来，别的孩子会带走罗伯特的。"他看起来想等吉米说什么，但又接了下去，"吉米，你会知道什么是一只狗的，它是活生生的；而罗伯特只是个机械的仿制品，一只机器狗。"

吉米皱起了眉毛："罗伯特不是个仿制品，它是我的狗。"

"不是真正的狗，吉米。罗伯特只是一堆钢铁和线圈加上一个简单的正电子脑而已，它不是活的。""它能做我让它做的每一件事，爸爸。它能理解我，它肯定是活的。"

"不，儿子。罗伯特只是一个机器，是编好的程序让它这么做的。而一只狗是活生生的。当你有了一只狗之后你再也不会要罗伯特了。""狗需要太空服，不是吗？"

"是的，当然。但这是值得的，它会用得到的。而当它在市里的时候就不需要了。当它来了你就会看到不同了。"

吉米看着罗伯特，它又叫了起来，很低很慢的声音，仿佛惊惶不安的样子。吉米伸出了胳膊，罗伯特一跳跃进他的臂弯。吉米说:"罗伯特和那只狗到底有什么不同呢?"

"这很难解释。"安德森先生说,"但很容易看出来。狗会真正地喜爱你,而罗伯特是被调制成装作喜欢你的样子。"

"但是,爸爸,我们并不知道狗的内心是怎样的,或它是怎么感受的。也许它也是装出来的。"

安德森先生皱起了眉毛:"吉米,当你体会到活生生的东西的爱的时候,你会知道其中的差别的。"

吉米紧紧地抱住罗伯特,他也皱起了眉毛。他那不顾一切的表情显示出他不会改变他的想法。他说:"但它们所装出来的又有什么不同呢? 你们想过我的感觉吗? 我喜欢罗伯特,这才是真的。"

而那只在它一生中从来没有被这么紧紧地抱着的小机器狗,急促而尖锐地叫了起来……

（选自《阿西莫夫:机器人短篇全集》,叶李华译,江苏文艺出版社 2014 年版）

阅读点拨

　　阿西莫夫的小说不仅融入了比现实先进得多的科学,而且还交织着复杂、高深的社会心理探讨。其蕴涵的主题思想是:科学技术固然重要,但先进的社会科学与高度发达的自然科学相结合,将会产生更为文明的生活方式。本文就表现了这样一个主题,描述一个孩子和一只机械狗之间友谊的故事。当吉米的爸爸送给他一只真正的狗,要他再也不需要那只机器狗时,吉米强烈反对爸爸的做法。从这里可以看出,人类独有的感情——超于一切的友爱,会使人与人之间共建一架永远的爱之桥。

超级玩具之夏

[英]布里安·阿尔迪斯

在温顿夫人的花园里总是夏天。可爱的杏树四周环绕，常年枝繁叶茂。莫尼卡·温顿摘下一朵藏红的玫瑰递给大卫。"多好看哪，是不是?"她说。大卫没有回答，抬头看看她，咧嘴笑了。他握着花跑过草坪，消失在狗屋后面。她已经试着去爱他了。当她下定决心去跟上他时，她发现 3 岁的他已经溜到屋子里去了。他也许找特迪去了。

Synthank 公司的董事们正在享用一顿丰盛的午宴以庆祝他们的新产品研制成功。亨利·温顿，Synthank 公司的管理董事，在掌声中站起来开始演讲。一两个笑话之后他说道:"从我们的第一个人工合成生命形式打入世界市场开始，至今已经快 10 年了，你们都知道这些产品有多么成功，尽管这个过分拥挤的世界上四分之三的人在挨饿，多亏了人口控制……"

大卫坐在他的婴儿室的长窗边摆弄着纸笔。"特迪!"他叫道。主人的语音模式激活了它，它站了起来。"特迪，我想不出说什么好!"玩具熊从床上爬下来，僵硬地走过去扒在男

133

孩的腿上。"你已经说了些什么了？""我说了——"他举起信紧紧地盯着，"我说了，'亲爱的妈妈，我希望你刚才一切都好。我爱你……'"小熊说："听上去不错，下楼去交给她吧。"好长一段时间的沉默。大卫向窗外望着。"特迪，你知道我在想什么吗？你怎么能知道什么东西是真的，什么东西不是真的呢？你和我是真的吧，特迪，对吗？"小熊的眼睛一眨不眨地看着男孩："你和我是真的，大卫。"它是特为安慰设计的。

莫尼卡在房子里慢慢地走着。差不多是下午邮件经过网络到达的时间了。她按了下手腕上拨号盘的邮局号码，但是什么也没有。还得等几分钟。

他的演讲现在快结束了："服务人也将是计算机的一种外延——因为他自己的脑内将有一台计算机……虽然我们有严重的人口过剩问题，但是上亿的人们因孤独而承受痛苦。我们的服务人将是一个弥补，他将总是回答，最无趣的谈话也不会令他厌倦……"他在热烈的掌声中坐下。就连桌边坐着的穿着不显眼的西装的人工合成服务人也和宾客们一起鼓着掌。

大卫拽着自己的书包在房子的边缘慢慢地爬着。他爬上起居室窗户下的装饰椅小心地向里窥探。他的母亲拿着一张纸在屋子中央站着，看不清她的表情。他着迷地看着。他没有动，她也没有动。终于，她转身离开了房间。等了一会儿,大卫敲了敲窗户。特迪转过头来看到了他,翻下桌子来到窗边。"特迪,咱们逃跑吧!""你在犯傻,大卫。妈妈很孤独。这就是她为什么有了你。""她有爸爸。除了你以外我什么也没有,我很孤独。"特迪很友好地揉揉他的脑袋,说道:"如果你觉得这么难过,你最好再去看看心理医生。""我恨那个老心理医生——他让我觉得自己不是真的。"大卫说完开始跑过草地。特迪从窗口翻下来,尽可能快地摆动着粗短的腿跟着他。

莫尼卡·温顿在楼上的婴儿室里。她唤了她的儿子一次,然后站在那里,犹豫不决。一切都寂静下来。彩笔在他的书桌上躺着。一时冲动之下,她走向书桌打开了它,几十张纸片散在里面。很多上面都有用彩笔写的大卫的稚拙的笔迹,每一个字母的颜色都与前一个的不同,没有一句话是完整的。

"最亲爱的妈妈,我是你唯一的儿子,我太爱你了,有时我——""最亲爱的妈妈,猜猜我有多爱——""亲爱的妈妈,这封信只是要告诉你我多么多么多么地——"

莫尼卡扔掉纸片失声痛哭。在明亮而模糊的色彩中,字母四下飘散,落到地板上。

亨利·温顿兴高采烈地乘快车回家,他家住在最时尚的城市区之一,亨利用他的眼神模式扫描仪打开门走了进去,立刻被设定为永远的夏季花园的美好幻觉所围绕。全维成像技术创造的巨大视觉效果实在令人惊叹。玫瑰和紫藤后面矗立着他们的房子，一栋佐治亚式的豪宅仿佛在欢迎他。

他打开门叫了莫尼卡。她立刻从起坐间里出来了，伸开胳膊紧紧地抱住了他，热烈地吻着他的面颊和嘴唇。亨利吃了一惊。他推开她一点看看她的脸，他发现她似乎在放射着光彩和美丽。他已经有好几个月没看到她这么激动过了。他本能地将她拥得更紧一些。"亲爱的，出什么事了？""亨利，亨利，——噢，我亲爱的，我都绝望了……但是我刚刚查了今天下午的邮件——你简直不会相信！噢，简直太好了！""我的天哪，女人，什么太好了？"他一眼扫到了她手里影印件的标题：人口控制部。他感到自己脸上的血色在震惊和希望中迅速地消逝。"莫尼卡……噢……不会是我们的号码中了吧！""是的，我亲爱的，是的，我们中了这星期的父母彩票！我们可以立刻开始怀一个孩子了！"他发出一声欢呼。他们在屋子里跳起了舞。

人口压力如此巨大以至于生产被严格控制，生孩子需要政府的批准，他们等待这一时刻已经 4 年了。他们不约而同地喜极而泣。终于，他们停了下来，喘着气站在屋子的中央，笑话对方的喜悦。莫尼卡打开了窗户，人工日光在草地上投下长长的金色——大卫和特迪正通过窗户看着他们。看到他们的脸,亨利和他的妻子严肃起来。"我们拿他们怎么办?"亨利问。"特迪没有问题。它工作正常。""大卫工作反常么?""他的语言交流中心还是有问题,我想还是得再次被送回工厂。"

当两个成年人从屋子里消失后,男孩和小熊在玫瑰花下面坐了下来,"特迪——我想爸爸妈妈是真的吧,是么?"特迪说:"别问这么傻的问题,大卫。没有人知道'真的'到底是什么意思。我们进屋去吧。"

(选自《世界经典科幻小说全集·第一辑》,林力等编译,内蒙古少年儿童出版社 2000 年版,有删改)

阅读点拨

什么是真的?这是大卫一直疑惑的一个问题。在情节设置上,结尾既出乎意料又在情理之中,因为在前文做了相当多的铺垫,这些铺垫使得结尾水到渠成。小说给读者的启示是多方面的:虽然人口众多,但人与人之间的交流反而很困难;机器人制造技术越来越先进,可能会分不清真人和机器人;人类无法真正用机器人代替亲人;智能机器人也可能产生情感。

药 丸 时 代

陈 浩

　　陈先生睁开朦胧的双眼，努力回忆着昨晚美妙的梦境，却想不出一丝具体的细节，看来好梦药丸也不怎么样。

　　睡眠箱上部的有机玻璃无声地滑开，他起身站起来，光着脚踩着冰冷的地面走到客厅餐桌旁坐下。几分钟后他才意识到早餐不会自己走到桌上来。

　　真是糟，好像没有睡醒，这么说睡得香药丸也是骗钱的。陈先生打着哈欠倒出一粒清醒药丸吞下，马上似有一盆冰水从头顶倾泻而下，他像被踩了尾巴的野猫一样，猛地从椅子上跳起来，终于碰上个货真价实的。

　　但他还是觉得心情不爽，于是又吞下了一粒好心情药丸，立刻觉得似有无数曼妙的精灵围着自己打转。嗯，效果不错。他愉快地走到冰箱旁，拿出几个硬馒头扔进微波炉。

　　在等待早餐的时间里他盘算着要吃些什么药丸。在抗尼古丁药丸和戒烟药丸之间他选了后者，接着是一粒雷打不动的抗衰老药丸。考虑到腹部的脂肪层已经开始令人无法忍受，他拿出了一粒减肥药丸，顺便配上一粒健身药丸。他又担心地摸了摸自己的头顶,加了一粒抗脱发药丸。当早餐摆到面前时,他皱了皱眉摸出一粒好胃口药丸,现在差不多了。

陈先生吃早餐的同时有看电视的爱好。电视墙上一辆漂亮的红色跑车"嗖"地一闪而过,卷起的飞沙走石使画面不停地抖动,最后一个飞过来的路灯砸烂了摄像机。在满屏的雪花点上打出几行金光大字:3 500 超豪华型狂飙跑车,电池动力零污染。

真是要命,陈先生拿出一粒心理平衡药丸扔进嘴里,马上觉得自己的破车其实也不错,至少不用担心被偷。

陈先生精心计算着出门时间,认为正好可以准时赶到公司,但事情往往就会在这时出差错。

"嘿!前面是怎么了?"陈先生将头伸出车窗,扯着嗓子,"你倒是往前开啊!"

"你当我开的是坦克啊!"前面没好气地回了一句。很明显,堵车了。

可恶啊!陈先生无奈地坐回车里,叉着双手。今天还有重要的商业谈判,这下非搞砸不可,急死人了!他气呼呼地吞下一粒抗焦虑药丸。嗯,就这么着吧!这城市那"全球最大停车场"的名号可不是吹出来的。

两个小时的左突右冲之后,陈先生终于杀出重围赶到了公司大楼。他觉得自己的样子实在是狼狈不堪，于是在电梯里又吞下了一粒好精神药丸和一粒好气质药丸。

当他进入会议室时才意识到这世道有多公平，客户们还没到，显然也被堵在了路上。他吞下半粒快乐药丸以示庆贺，哈哈！快乐药丸不能多吃，多吃了容易误事。

直到半小时后对方的商业代表才急匆匆地赶到，他们一个个走起路来呼呼带风气度不凡，目光冷峻傲气逼人。他们一边礼貌地为迟到道歉，一边各自又吞下了一把药丸。陈先生也早有准备，他给秘书使了个眼色，秘书给他换了一杯新茶，用料是 1 粒有风度药丸、1 粒自信心药丸、1 粒提智商药丸、1 粒促思维药丸、1 粒好口才药丸。谁怕谁啊！

对方神色自若地坐下来，"啪"地打开文件夹便直入主题。他们提出的条件非常苛刻，几乎每条都紧贴着公司所能忍受的底线。陈先生泰然地面带微笑，不亢不卑，不急不躁，使尽浑身解数一点点地向上加着价，逐条逐字地讨论着合同条款，直到他确信已经探出了对方的内定底线。

此时对方已经没有了刚开始时的傲气，时不时拿不定主意地互相看看。慢慢地陈先生觉得自己已经完全掌握了主动，眼看胜利在望了。谈判间隙，他疲惫不堪地叹了口气，手很自然地伸进衣兜想取一粒抗疲劳药丸。蓦地，他像被电了一下，抗疲劳药丸昨天就已经用完了。该死！竟然忘了买，看来有必要在自己长长的药丸清单中再增加一种——抗遗忘药丸。

对方不愧是谈判老手,他们凭着职业的敏感迅速觉察到了什么,马上趁机压着价,并贪婪地推翻了前面已经谈妥的几项条款。

陈先生顿时慌了神,额头渗着汗珠,心里没了底,方寸大乱。他感到自己再也无力支撑下去,最后只好宣称某些条款必须通报董事会批准,商业谈判推迟到下午。

就差一点了,陈先生喘着气,懊恼地吞下一粒抗烦躁药丸,但觉得效果不大,于是又吞了一粒。

在吃中午的工作餐时陈先生翻出了几种历史最悠久的药丸,维生素药丸、微量元素药丸,这些完全算得上是元老级药丸了。最初时的非医用药丸也就那么几种,很久以后才有了五花八门神通广大的各类药丸问世,并很快成了一项全球重要的产业。很难想象在没有这些药丸的时代里人类是如何生活的,但有一点可以肯定的是,那时的世界一定是沉闷而无趣的。

下午的谈判必将异常艰苦,陈先生明白他在给自己喘息的同时,对方也已经做好了更完善的准备。

果然,与上午谈判时一样,对方坐定后便迅速展开了新一轮攻势。他们言辞犀利却又不失风度地指出了合同上几处条款的不合理性,并果断而显得很有诚意地要求重新商定。

这次陈先生没有再重蹈覆辙,他精明机智力挽狂澜,在吃了大把的各类药丸后终于将局势稳住,并努力为己方争取着更大的利益。对方一看形势于己不利,纷纷拿出药丸往嘴里塞,以求最后一搏。

商业谈判就像两军作战,不到最后一兵一卒没有人会认输。白热化的气氛一直持续到当天傍晚,一份双方都能接受的所谓双赢的合同才最终达成。

在签完字送走客户后,陈先生吞下一粒心平气和药丸,然后便一头倒在办公室沙发上再也不想起来了。他不知道今天自己到底吞下了多少粒药丸,反正晚餐铁定是省下来了。他相信对方一定吞得比自己还多,因为清洁工说在会议桌对方一侧的地上,扫出的药丸包装盒足足塞了一个垃圾袋。

陈先生无力地趴在沙发上,摸了半天遥控器才打开电视墙。由于工作出色,他是少数几个办公室内装有电视墙的公司雇员。

这年头你打开电视,里面十有八九都是药丸广告。画面上1粒红色药丸轻轻地落在地上,不一会儿又是2粒绿色药丸,接着4粒黄色药丸同时落下来,随后是8粒蓝色……药丸雨越来越大,短短的几秒钟后已经如瀑布般连成一片,最后又在一瞬间停了下来。花花绿绿的药丸在地上跳跃着、翻滚着,慢慢汇聚成了一个人形图案。画外音:你是否没有药丸就害怕说话? 你是否没有药丸就害怕走路? 但我们的身体并不是由药丸构成的! 画面上的药丸拼图分崩离析。专家告诉我们,一个人要是平均每天吞下超过 15 粒药丸,那么你很可能已经得了药丸依赖症,你需要我公司的最新高科技产品——抗药丸药丸! 详情请拨打免费电话 K5553387。

抗药丸药丸? 陈先生坐起身伸出颤抖的手,他还没有想好是拿起电话,还是取一粒抗购物药丸。

(选自《2005 中国年度幽默作品》,漓江出版社 2006 年版)

阅读点拨

这篇小说用略带夸张而幽默的表现手法,记录了陈先生从早到晚每一步都要依赖各种药丸相助的经历,表现出生活在高科技时代的人们,渴望高科技的便利,过于依赖之后又烦恼不安的矛盾心理现状,从而引发人们的深入思考。结尾是开放性的,最终陈先生可能有多种选择,但读者可以想象得出,陈先生依然会选择第一种做法,拿起电话买抗药丸药丸,因为陈先生确定自己得了药丸依赖症,摆脱的办法只能是使用最新高科技产品——抗药丸药丸。

我 思 我 行

理解感悟

◆ 本单元选编的科幻小说，描写的人物、事物和场景虽然与现实相距很远，但都折射出了现实社会的影子，请结合作品具体分析。

◆ 《孩子最好的朋友》《超级玩具之夏》两篇小说都以机器人为主角，在人物设置、写作手法和主题表达方面有什么不同？

实践拓展

◆ 在图书馆或网络上查阅最近出版的科幻小说，统计一下这些小说表现了科技发展的哪些方面。

阅读延伸

《我，机器人》（[美]艾萨克·阿西莫夫 著）

本书是美国作家艾萨克·阿西莫夫于 1950 年出版的科幻小说短篇集，收录了 9 篇短篇小说，包括《小机》《转圈圈》《理性》《抓兔子》《骗子！》《消失无踪》《逃避！》《证据》《可避免的冲突》。书中的短篇故事各自独立，却拥有共同的主题——探讨人类与机器人间的道德问题。

《时间机器》（[英]赫伯特·乔治·威尔斯 著）

《时间机器》是英国作家赫伯特·乔治·威尔斯最早获得成功的一部科幻小说，也是他最出色的作品之一。故事中的时间旅行者发明了一种飞行机器，能纵横驰骋于过去及未来的世界里。于是这个人乘上时间机器飞行到 80 万年以后即公元 802701 年的世界去。在这部小说里，作者使"19 世纪阶级斗争和人类进化相结合"，用幻想和寓言的方式预示劳动者和剥削者冲突加剧可能造成的后果。

第六单元

奇幻冒险

进入 20 世纪,发轫于欧洲的科幻小说在美国落地生根。美国科幻小说善于讲述奇幻、冒险一类的故事,成了科幻文学的主流。《惊奇故事》主编雨果·根斯巴克首次使用了"科学幻想小说"这个名称。他对科幻小说的杰出贡献得到了后世的尊敬,美国科幻小说最高奖——雨果奖,就以他的名字命名。从此,奇幻冒险类的科幻小说越来越受到科学迷的喜爱。

阅读本单元的科幻小说,理解科幻小说的意义,利用对未来和过去的想象,探索解决现实矛盾的方法,揭示社会变化和人与人的关系,并学习这些科幻作家在布局谋篇、情节设置、人物形象刻画中的方法。

圆圆的肥皂泡

刘慈欣

　　很多人生来就会莫名其妙地迷上一样东西,仿佛他的出生就是要和这东西约会似的。正是这样,圆圆迷上了肥皂泡。

　　圆圆出生后一直是一副无精打采的样子,连哭啼都像是在应付差事,似乎这个世界让她很失望,直到她第一次看到肥皂泡。当时她才 5 个月大,立刻在妈妈怀中手舞足蹈起来,小眼睛中爆发出足以使太阳星辰都黯然失色的光芒。

　　这是一个西北的正午,已经数月无雨,窗外,烈日下的丝路市弥漫着沙尘,在这异常干燥的世界中,那飘浮在空中的绚丽的水的精灵确实是绝美的东西。看到小女儿的笑脸,为她吹出肥皂泡的爸爸很高兴。

　　圆圆高考结束后的一天上午,家里有一群人来访,省电视台的主持人、摄像师,还有两个吉尼斯中国分部的人,昨天刚从上海飞来。其中一位沙哑着嗓子对圆圆的父亲说:"市长先生,您的……咳咳……这地方空气真干燥……您的女儿要创造吉尼斯纪录了!"

在开阔的楼顶上,圆圆吹出了一个巨大的肥皂泡。那个大泡在空中颤颤地变着形状,像是在跳舞。这个大泡的直径达 4.6 米,打破了 3.9 米的吉尼斯纪录。"液体的配方很重要,但窍门还在这个大环上。"圆圆在回答主持人提问时说,"它是由钻了一排洞的铅管弯成的,管里面充满了发泡液体,在大泡形成的过程中,这些液体不断从管上的小孔中泄出,使尽可能多的液体参与成泡,这样就可以形成更大的泡泡了。""那么,你还有可能制造出更大的泡泡来吗?""当然会的!这就要研究肥皂泡形成的几个要素,它包括液体黏度、延展性、蒸发率和表面张力,但对于形成超大的泡泡来说,最需要改进的是后两项……""现在你已经被中国科技大学录取了,你将来的理想是什么?""吹——更——大——的——泡——泡!"市长父亲听到圆圆的回答,摇头苦笑了一下。

几个直径四五米的大肥皂泡顺风飘行在丝路市上空,在这沙尘弥漫的干旱世界中,她们显得那么不真实,仿佛是来自另一个世界的幻影。

9 年后的一天,正在为缺水而一筹莫展的市长,在办公室里接到了女儿的电话。"爸爸,生日快乐!礼物现在就送给您!您打开窗向天上看!"空中传来引擎的轰鸣声,市长看到一架飞机在城市上空缓缓盘旋。机腹下面吊着一个大环,那环的直径比飞机还长,它们组成了一个在空中飞行的戒指。

令人震惊的景象出现了，在那个大环后面，吹出了一个大肥皂泡！肥皂泡在急剧膨胀，很快，飞机与它相比只是透明西瓜上的一粒小芝麻。下面的城市广场上所有人都在驻足仰望。

肥皂泡的膨胀仍在继续着，巨泡渐渐占据了半个天空！最后，它脱离了飞机下的大环，从空中降了下来。当它接触地面后没有破碎，而是成一个直径近10千米的半球形立在大地上。这座城市，连同边缘的一个火力发电厂和一个化工厂，全被巨泡扣在其中！

"我不是故意的，真的不是故意的！"圆圆对着摄像机说，"本来大泡会顺风飘走，谁想到今天风力竟这么弱，这儿一贯是风很大的！所以它才掉了下来，把城市扣住了！"博士毕业后，仅三四年时间，圆圆就凭借她开发的一种新的太阳能电池，使她的创客公司发展到几亿元资产的规模。现在，在城市边缘巨泡泡壁的位置，她正在接受采访。一会儿，市长同刚刚成立的紧急小组一起，驱车赶到了这里。

"肥皂泡膜的性质，是汽车等固体可以穿过，但不透气。"圆圆说。"所以现在空气质量正急剧恶化。"市长瞪了一眼女儿说。众人抬头看去，发现城市上空出现了一个巨大的半球状白色顶盖。城市和工厂产生的烟雾被大膜限制在泡内，这时，如果从远处看城市，只能看到一个顶天立地的乳白色半球了。

"需要关闭发电厂和化工厂，减缓空气污染的速度。"紧急小组组长说，"现在城市等于是处在一个密闭性极好的温室内，阳光的热量在很快聚集，现在正值盛夏，据测算，泡内气温最终将达到 60℃！"一名驻军指挥官说："一小时前，我们调直升机在泡顶反复穿过，试图用螺旋桨撕裂它，没有用；后来又用炸药在泡壁与地面的交接处进行爆破，还是不行！"

市长问圆圆："大泡要多长时间才能自然破裂？""大泡的破裂主要是由于泡壁液体的蒸发，这种物质的蒸发速度是极慢的，即使日照良好，大泡也得五六天才能破。"圆圆回答。"那只有全城紧急疏散了。"紧急小组组长叹了口气说。

"不到万不得已，不能走这一步。这都是你干的好事！"市长厉声喝道。圆圆低着头说："我刚想出一个使大泡破裂的方法。在泡壁与地面交接线的内侧，挖一条 100 至 200 米长的壕沟，沟中灌满燃油并点燃，火焰会大大加速泡壁的蒸发，可以在 3 个小时左右使大泡破裂。"

市长命令抢险队照圆圆的方案做了。3 小时后，大泡破裂了，城市里的人们听到天地间发出一声轻微的破碎声，清脆、悠扬、深远，仿佛宇宙的琴弦被轻轻拨动了一下。

"圆圆，我问你，既然泡壁是不透气的，那大泡也能保持住内部的湿润空气了？""当然。其实，之前我就想过，用大泡作为超大型温室，可以在冬季为作物提供适合生长的湿度和温度。不过，这还要使大泡更持久些。""能让大泡随风飘很远吗？比如说几千公里？""这没问题，阳光的热量在泡内聚集，使其内部空气膨胀，会产生类似于热气球的浮力。今天这个大泡生成的位置太低，风也太小了。""能让大泡在确定的时间破裂吗？""这也不难，只需要调节飞液的成分，改变它的蒸发速度就行了。""如果有足够的资金，你能够吹出几千万甚至上亿个大泡吗？"圆圆吃惊地瞪大双眼："上亿个？天啊，干什么？""想象这样一幅图景：在遥远的海洋上空，形成了无数个大肥皂泡，它们在平流层强风的吹送下，飞越了漫长的路程，来到大西北上空，全部破裂了，把它们在海洋上空包裹起来的潮湿的空气，都播撒在我们这片干旱的土地上……是的，肥皂泡能为大西北从海洋上运来潮湿空气，也就是运来雨水。圆圆，你送给我一件伟大的生日礼物，说不定，这一天也是大西北的生日！"

震惊和激动使圆圆一时间说不出话来，只是呆呆地看着父亲。东方的天空中，出现了一道色彩奇异的彩虹。

向中国西部空中调水的宏大工程进行了10年。

这10年，在中国南海和孟加拉湾之间，建成了许多巨大的天网，这些天网由表面布满小孔的细管构成，每个网眼有几百米甚至上千米的直径，相当于那个10多年前曾吹出超级肥皂泡的大圆环。每张天网有几千个网眼。天网分陆基和空中两种,陆基天网沿海岸线布设,空中天网则由巨型系留气球悬挂在几千米的高空。天网在海岸线和海洋上空连绵 2 000 多米,被称作"泡泡长城"。

空中调水系统首次启动的那天,构成天网的细管中充满了飞液,并在每个网眼上形成一层液膜。潮湿而强劲的海风在天网上吹出了无数直径几千米的气泡,这些巨型气泡相继脱离天网,一群群升上天空随风而去。同时,更多的气泡源源不断地被吹出来。它们包裹着海洋的湿气,浩浩荡荡地飘向大陆深处,飘过了喜马拉雅山,飘过了大西南,飘到大西北上空,形成了长达数千千米的气泡长河!

在空中调水系统启动的两天后,圆圆飞回了丝路市。一轮圆月静静地悬在夜空中,从海上启程的气泡还没有到达。月光下挤满了人,圆圆同他们一起热切地等待着。突然听到有人喊:"天啊,怎么这么多的月亮!"

夜空中真的出现了一条月亮河!它们都是弯月,有上弦的也有下弦的,每个都是那么晶莹剔透。大西北的天空从此成了梦的天空。最壮丽的时刻是在清晨和黄昏,当地平线上的朝阳或夕阳将天空中的气泡长河镀上灿烂的金色时。

空中的气泡相继破裂,还有更多的气泡滚滚而来。在这个往年最干旱的时节,天空飘下了绵绵细雨。小雨掩盖了尘埃,空气清爽宜人,雨洒在脸上凉丝丝的,很舒服。圆圆慢慢行走在她熟悉的街道上。那些街道,爸爸曾拉着她的小手无数次地走过,曾洒落过她吹出的无数个肥皂泡。圆圆轻轻地推开家门,看到灯下已经退休的头发苍白的父亲,仰在躺椅上,他手里拿着圆圆孩提时装肥皂液的小瓶儿,还有那个小小的塑料吹环,正吹出一串五光十色的肥皂泡。

(选自《科幻世界》2004 年第 3 期,有删改)

阅读点拨

本文讲述主人公圆圆 5 个月大就迷上了肥皂泡,并在准备上大学时打破了肥皂泡的吉尼斯世界纪录,可就在她送父亲大肥皂泡作为生日礼物时却闯了祸,最后受到父亲启发想到解决缺水的办法,空中调水成功。小说兼具"科学性"和"文学性"的特点,如文中肥皂泡形成的要素涉及很多科学知识,体现了科幻小说科学性的特点;文中描绘了气泡到达丝路市梦幻般的美景和细雨给丝路人带来的诗意感受,又体现了科幻小说文学性的特点,做到了科学性和文学性的统一。

生命无悔

苏学军

    刘扬站立在巨大的舷窗旁,久久地注视着外面风沙满天的火星世界,焦急地等待着失踪的王雷归来。他的双眉紧锁着,顶多再有两个小时,王雷宇航服上的能量就会耗尽,如果他仍不回来的话……

    秦林呆坐在椅子上,没有人知道他在想什么。

    突然,他霍地站起身,手忙脚乱地穿戴起宇航服。

    "不行,我再去找找他。"

    "我跟你一起去。"一向稳重的刘扬也按捺不住了。

    两个人一前一后走出生活舱。

    温室,发射场,大气采集器,太阳能电站……他们在狂风中苦苦寻找了 3 个多小时,没有发现王雷的任何踪迹。两个人都清楚,王雷再也不可能回来了。

    秦林一动不动地伫(zhù)立在风里,他前面的迷雾淹没了空旷辽阔的火星平原,巍峨突兀的山脉,干涸亿万年的远古河床……他明白,他的同伴就在那里。他多想找回这位年轻有为的同伴,但他无法逾越尘暴所设置的重重障碍。他痛感自己的力量是如此渺小。

透过面罩，刘扬看到他的眼中滚下的两串泪珠。

"我们回去吧。"刘扬理解秦林此刻的心情，因为他的过失，已经有两个同伴死去了，他的内心承受着强烈的自责。

秦林没有动，他仿佛没听到刘扬的话。刘扬又拉了拉他的胳膊。

"你先回去吧，我再到发射场附近去找找……"秦林低低的声音从通讯器里传来。

他背对着刘扬，不愿他看到自己眼中的泪水，见刘扬在犹豫，他又说道："我一会儿就回来。"

看着秦林的背影消失在尘雾中，刘扬并没有跟着他。他觉得让秦林独自待一会儿，也许他的心情会好些。他一个人朝生活舱走去。

穿过站前的空地，生活舱巨大的轮廓在风沙中若隐若现。透过漫天尘沙，他仿佛看到叶桦那最后一次迷人的微笑，刘扬的心情又沉重起来。

他不忍再想下去，不觉加快了脚步。

他的手又抓住了生活舱的舷梯。上一次抓到这舷梯时，他听到飞船爆炸的那一声惊魂的巨响。而这一次，一种不祥的预感突然涌入他的脑海，他的眼前闪现着秦林那忧郁的眼神和两串泪珠。

"不好!"他暗暗叫道,慌忙转身向发射场方向跑去。

刘扬的预感是正确的,但是他来晚了。这时秦林已趴在飞船发射架旁,一动不动,漫天的沙石正渐渐没过他的身体。

刘扬扑到他身旁,他看到秦林背部的氧气阀门被打开了,正咝咝地冒出气来。他连忙将阀门拧紧,并抬起他的身体。尽管火星的重力只有地球三分之一,可穿着笨重的宇航服,要想背起一个人来,却非易事。但刘扬几乎是在一瞬间便完成了这一动作,背着他拼命朝生命舱奔跑。

他已经失去了两个同伴,他不能再失去秦林。

秦林仰面躺在床上,面罩已经被取下来,宽大的宇航服被撕到腰部,裸露着上身。

沾满火星尘的宇航服把生活舱弄得脏乱不堪。

刘扬以最快的速度把氧气面罩扣在秦林脸上,又连接为他注射了两剂强心针。

秦林面孔铁青,毫无反应。刘扬用心脏起搏器电击秦林的心脏,又不断地按压他的胸部,但仍然听不到任何动静。

好一会儿,他恍惚看到秦林的手指微微动了一下,接着,秦林的心脏终于微弱地搏动起来。刘扬兴奋得正想欢呼,但突然眼前一黑,随后便什么也不知道了。这些天来,肉体和精神上的折磨已使他的身体超过了所能承受的极限……

刘扬醒来时,看到秦林站在床前,正焦急地看着自己。

"看到你活着,是我这辈子最高兴的事了。"刘扬说道。

秦林苦笑了一下。

"你真傻,居然想到自杀。你以为自己的死可以抵偿所犯的错误吗?不,你是在逃避,你这个胆小鬼。"刘扬挣扎着想坐起来,但身体一软,又倒在床上。

"不,我不是胆小鬼,采集器收集的水,一个人可以活下去,两个人却不够。"

"难道你就一点办法也没有吗?对,要活下去,但不是一个,是两个!你懂吗!我们已经失去了两个伙伴,这还不够吗?"刘扬不觉吼起来,这是他第一次对部下发火。

"办法……"秦林深深地垂下了头。

"告诉我,火星蘑菇是不是也需要水才能生存?"

秦林默然点头,又猛地抬起脸,目光中放射出异样的光彩。"你的意思是……"

"对,我们去找火星蘑菇,那里一定有水!"

……火星笼罩在大尘暴下已经有半个月了。数亿吨沙尘悬浮在火星表面 50 千米高的大气层中,形成了一道阳光射不透的屏障。

火星地表一片暗红,视界仅有四五步远。狂风凄厉地呼啸着,隔着面罩都能听到。

密集的沙粒在空中飞舞,像是火星上的一场红色的暴风雪。

两道伸向风雪深处的车辙，正迅速被尘粒覆盖。

刘扬和秦林已经在风暴中行进了 4 个小时。时速百余米的狂风迎面吹来，尽管火星漫游车已开足了马力，仍慢得像蜗牛一样。

计程仪显示，火星车距离考察站已有 50 千米了。他们现在应该距山脉不远了，但视野里仍然一片混沌，火星车的强烈灯光只照得见前面重重的红色迷雾。

秦林打开了车上的探测仪器，阴极射线屏上立即显示出一个巨大的阴影，原来他们已处在山脚之下。他们便在山脚徘徊，寻找可以越过第一座险峰的那道山脊。

依照电子地图记忆的山脊特征，他们很快找到了目标。

正当秦林收起火星车的行驶轮，放下机械登山臂的时候，仪表板上的生物探测器突然嘟嘟地响起来。

人类探索火星的初期，科学家们一直期待在火星上找到生命，尽管后来的探测结果令人失望，但生物探测器仍是每一辆火星漫游车的必备装备。

听到警报声，刘扬和秦林都吃了一惊，在这样风沙恶劣的天气里，会是什么呢？火星蘑菇不会有如此强烈的信号反应，难道火星上还有其他的生命形式吗？

他们驱车向信号源驶去。

随着车子的前进，屏幕上的信号斑点越来越大，最后形成了一个特定的形状。

刘扬和秦林不约而同地喊起来："是一个人！"

探测器显示，那人就在距火星车四五米的前方俯卧着，已经被风沙埋没。

两个人跳下火星车，用手扒开那个小土丘，下面是一具人类宇航员的尸体。刘扬轻轻摘下遇难者的头盔，显露出一张具有络腮胡须的面孔。刹那间，两人都愣住了。

"是王雷。"秦林的声音低低的，像是有什么东西卡着喉咙，使他发不出声来。

"这简直不可思议。"刘扬不解地摇着头。这里距考察站有50多公里，刘扬无法相信王雷在狂风中能步行这么远。即便是长跑冠军，在天气晴好的情况下，依靠宇航服的能量也只能前进10余公里。然而王雷的遗体毕竟就在眼前，难道这是火星的主宰有意将他埋葬在这里的吗？

"他为什么会在这里？"秦林也迷惑地问。他蹲下身，将王雷的身体翻过来。他愕然看到，在王雷的身下，赫然生长着一株鲜红的火星蘑菇。

秦林伸手摘下那株火星蘑菇，把它放在眼前仔细端详着。他感到这蘑菇似乎在向自己诉说着火星的秘密。他不禁又问了一句："他为什么会在这儿？"

刘扬也思考着这个问题。突然，他恍然大悟。如果把考察站和王雷死亡的地点连成一条射线，那么在射线的前方，正是每天晚上地球升起的方向。

"他是在向着我们的家乡——地球奔跑。"刘扬不禁黯然泪下。他仿佛看见了王雷的灵魂正越过太空，向着十分遥远的宇宙彼岸的故乡飞去……

（节选自《火星尘暴》，原载《科幻世界》1996 年第 11 期）

阅读点拨

科幻小说《火星尘暴》以遥远的外星球作为背景，描写了一位普通的宇航员为了在火星找到水而吞下致命的火星蘑菇，其他两位宇航员在他的启发下终于探究出了火星之谜的故事。本文节选部分表现出中国宇航员昂扬奋发的英雄主义气概。英雄之所以为英雄，就是他们在那种特定的情景下勇于自我牺牲的精神。

黎　　明

焦　策

第 51 天，北坡第一台阶营地，海拔 7 007 米。

火升起来了，昏暗的帐篷里逐渐变亮，让这个不足 10 平方米的小空间略微有了些生机。我把一口铁锅架在火上，小心翼翼地沿着锅边贴满生肉干，然后抱了一捧雪扔在锅里。铁锅立刻发出"嗞嗞"的响声。

队长柴虎看着我，问道："你的身体机能怎么样？""还好。"我晃了晃金属的双臂，火光为它镀上了一层橘色。"检查一下你的机械部分。"他从身后拎出工具箱，"明天要走一整天，你可别拖我后腿。"我摸了摸自己的胸口，一颗人类的心脏正在金属的胸腔内有力地跳动着："非人体组织 86%，运转良好。"

从营地出来，已是上午 10 点，天空依然是灰蒙蒙的。头顶的黑灰色云层又密又厚，那是由无数直径小于 2 毫米的碎石和矿物质粒子与冰晶混合而成的颗粒，在"大爆发"时期被火山喷发出来，一直悬浮在空中。以往在这里能够直接看到珠穆朗玛峰的峰顶，还有上去的路径。现在，这些全都看不见了,云层齐刷刷地把峰顶剪掉,整个珠穆朗玛峰就像是一个没有头颅的帝王。

"你在看什么?"柴虎将帐篷收起来。"云层很厚。薄的地方有 500 米,有的地方能达到 2 千米。"我仰望着云层,说道。他放下手中的活儿,直起腰,把护目镜推了上去:"范围多大?""亚欧大陆的三分之二。""哼。"柴虎轻嗤一声,说,"420 座活火山,13 个月不间断喷发,大量的尘埃聚集到对流层。阳光遮蔽、高空风减弱、地转偏向力作用……幸亏我没活在那个年代!""现在也不好过啊。"我说。

收好帐篷,我们向最后一处营地进发。风更强了,空气中的雪粒被风吹起,一呼吸就会引起剧烈的咳嗽。柴虎用衣领裹住口鼻,借助冰爪和雪杖艰难地前行。我踩着齐膝深的雪,紧跟在他身后。放眼望去,所有通往峰顶的路都隐没在风雪中,只有一条黑褐色的山脊,直直插入黑云深处,看不到尽头。

第 52 天,珠穆朗玛登顶营地,海拔 8 018 米。

今天的状况有些糟糕。先是在断崖边丢失了炊具,后来柴虎又扭伤了手臂,最后一副雪杖也断掉了,而且他开始间歇性地哮喘,这是高原反应的前兆。

我燃起篝火,柴虎的嘴唇有些发紫,汗珠也密起来。"一会暖和了,你会感觉好点儿的。"柴虎皱了皱眉,说:"心跳得有点快,别的……都还好。"

我伸手握住他的胳膊。"脉搏121,高压110,低压59,还好。对了,今天的经幡你看见了吗?""7 200米那儿的?""对。下面有标尺,标尺旁有个石碑,碑上……""碑上都是死在这里的人的名单。"我点了点头。柴虎睁开眼睛,两眼凝视着帐篷的顶端,仿佛要把它看穿似的:"人都不想死,他们也都不知道自己最后会死在这雪山上……傻了吧唧的家伙们……"

"可他们死得其所,或许这就是人生的意义。""意义?"柴虎半坐了起来,"我看是可怜的虚荣吧。""那你登顶过那么多次,都没有意义吗?"我问。柴虎冷笑着说:"'意义'对我来说已经死了。""我不信。"

柴虎剧烈地咳嗽起来,过了好一会儿,终于平静下来。"ST02,你记住,"柴虎严肃地说道,"有些人活着为了虚无缥缈的东西,可我活着就是为了自己。之前我登珠峰,只因为'它在那儿',我要做的就是征服它。"

"那这次呢?"柴虎迟疑了一下,瞪着我说:"你今天话很多。"

第53天,珠穆朗玛峰北坡,海拔8 517米处。

昨晚北坡开始出现强降雪天气,通往峰顶的所有道路都被覆盖上了将近60厘米厚的雪。—50℃的低温使雪刚落到地面就结成了冰。我的左腿轴承被冻坏,传动装置完全失灵,它现在就像一根冰棍在支撑着我。

柴虎在前面艰难地挪动。冰凌和风化石像利刃一样，让他每爬一步就会滑退半步，两个多小时才走了不到 1 千米。但他仍然不时地转身，催我跟上。"你跟不上就会死！""机器人死不了。"风淹没了我的声音。

他已经超过 8 个小时滴水未进了，持续的高原反应让他看上去像是在打摆子，可他依然坚定地向前走着。我真搞不懂，总觉得他才是机器人。

我们已经进入了黑云层的内部，四周一片灰蒙蒙的，就连雪花也是灰色的。这感觉不像是黑夜，也不像沙尘暴，更像是黎明前那种连绵不绝的苍茫。"或许创世之初就是这种状态吧……"我心里想着。这种混沌包裹着我们，包裹着整个珠穆朗玛峰。

忽然，前面的柴虎猛地挺直了身子，随后像一扇门板似地直挺挺倒下去。我连忙丢开行囊爬向他。"怎么样？"我托起柴虎的头。因为缺氧，他的脸色紫青，嘴唇又肿又涨。

"下山吧。"我冷静地说。柴虎眼神已经迷离，但他还是摇了摇头："不。""距离峰顶还有 330 米。你到不了的。""扶我上去，我……"柴虎喘着粗气，肺部发出金属般的啸鸣音。

"你……"忽然，他握住我的手，力道很大，"你自己……上去。""登顶对我没有意义。"我冷静地说，"我要送你下山。"

"不！"他用力睁开双眼，望着我，"我的意义……就是你的！人类已经 100 年……没见到……日出了……"他用力吸了口气，"你去……告诉他们……"

"可我是机器人。"柴虎伸手拍了拍我的金属胸腔，说："你有的。"说完，他脑袋一沉，闭上了眼睛，但他的手依然死死地攥着我。

第 54 天，珠穆朗玛峰峰顶，海拔 8 851.27 米。

我从未在高山上看过日出，也不理解日出对于人们的含义是什么。只是现在，我站在了峰顶。持续百年的黑云被我稳稳地踏在脚下，天空像一汪清水那么蓝。

我调试好了无线电广播频率，把电池的输出功率加到最大，以保证它能够在全频段上进行广播。我略微思考了一下，然后开始广播：

"公元 2185 年 9 月 15 日 08：25AM，北纬 27°59′17″，东经 86°55′31″，珠穆朗玛峰峰顶。我是登山队员'姜'，我郑重声明，此刻太阳正从东方升起。重复，我是登山队员'姜'，我郑重声明，此刻太阳正从东方升起。人类再次沐浴在阳光中，人类再次沐浴在阳光中！"

说着，我打开金属胸腔，露出我的心脏。它沐浴在黎明的阳光中，像金子一般闪亮。

（选自《科幻世界》2016 年第 1 期，有删改）

阅读点拨

　　这篇小说构思独特、新颖,以机器人的口吻用第一人称叙述,这样写有诸多好处:一是情节的需要,柴虎死了以后,是机器人完成了登顶,看到日出的任务;二是使读者感到真实、亲切;三是通过机器人的角度叙述主人公柴虎,更突出表现了柴虎的精神,便于表现人物性格。小说的结局实现了人类沐浴在阳光中的梦想,促使"我"完成这一目标的,却是拥有着坚定信念和顽强意志的主人公柴虎。这种安排赞美了人类独有的精神信念,引发了我们对于未来人类与机器人关系的思考。

皮鞋里的狙击手

飞 氘

整个一上午,马克都快乐无比地用军刀从那座苹果大山上削苹果吃,看着他毫无忧虑的样子,我气得发疯:"马克,你疯了吗?"

马克心满意足地咽下一块香喷喷的苹果,掏出一块干净的手帕擦起了他那把锋利的刀子,头也不抬,平静地说:"杰克,疯的人是你,这很明显。"

我沮丧地低下头。不错,整个上午我都疯狂地揪着自己的头发,无法接受身高5厘米的现实。

早上睁开眼,我差点吓得半死:一座帝国大厦般的冰箱立在我面前,似乎随时可以倒下来把我拍个稀巴烂。我慌忙站起来,看见马克正躺在一个微波炉的按钮上,两只脚悬在空中。看见我朝他走去,他快乐地招呼我:"你好,队长。这儿可真不赖。"

"怎么回事,马克?"我觉得自己的声音听起来糟透了,但也许我的表情看起来更糟。

"问问总部,你才是头儿。"看来他对于来到一个巨人国完全不在乎，这个没心肝的家伙。

"其他人在哪儿？"我渐渐有了一些现实的感觉，毕竟除了他那种没有根据的乐观态度外，马克还是马克。

"在吃菠萝。"

"你说什么？"我想不是马克或者什么别的东西发了疯，就一定是我的耳朵发了疯。

"他们在吃菠萝，长官。"马克说着从按钮上跳下来，他在空中还做了个优美的转身动作。职业病！他总是念念不忘入伍前体操健将的身份。"我们在厨房里找到一块新鲜的菠萝，足够大家吃上一个星期的。"

这时接收器响了："雏鹰，雏鹰，我是海潮，收到请回话，完毕。"一听声音就知道是劳力那个老混蛋。

"海潮，我是雏鹰，请讲，完毕。"我激动地抓起话筒。马克在一旁嘲笑地说："'雏鹰'？听听这名字！"

"雏鹰，我们的情报人员发现游击队研制了一种新的微型生化武器，有一些小得难以发现的机器人守卫着这些危险的武器。为了确保联军的胜利，我们用一种新发明的方法把你们变成和那些机器人同等尺度的小人。你们的任务就是消灭机器人，找出生化武器并把它们带回总部，完毕。"

我呆呆地愣在那里，马克在我身边吹了一声口哨。

"雏鹰，明白了么？完毕。"老混蛋有点不耐烦了，他总是不耐烦。

"明白……不……我想我不明白。你是说你把我们变成了一群该死的……"我望了一眼对面的鼠洞,"一群该死的老鼠么?"

"少校,我不喜欢你说话的口气。"劳力的声音像金属一样冰冷,

"我再重复一次,带回生化武器。从现在开始,72 小时后我们将派人接你们回来。如果任务失败,我们将不得不炸毁那个地方。完毕。"

然后,劳力的声音像鬼魂一样消失了,只剩下我呆愣在那里。

"怎么样,头儿?"马克微笑着问我,看他那种无所谓的样子,我真想揍他一顿。

"他不喜欢我的口气,见鬼。"我神经质地点点头,"那么,我们开始干吧。"

马克背上步枪,掏出"沙漠之鹰",快乐地摆弄着:"太妙了! 他们把这家伙也变小了。我猜这是最精致的武器了。"

"可是,这不符合常识:我们多余的质量哪里去了?"我困惑地问马克,他自吹对物理学颇有研究。

"管他呢,常识!"马克快乐得要蹦起来了。

"你好像很开心,马克?"我警觉地问,毕竟一个发疯的队

友要比两个敌人危险。

"为什么不？这不是挺好的吗？一个苹果可以让一个突击队吃上一个星期，这可真是太棒了！他们应该把所有的人都变小。嘿，我说，如果把我们变成尘土岂不更妙？我们就能飞起来了。当然，现在也不错，只要我躲在一只皮鞋里就不用担心被人发现，上帝啊……"马克越说越兴奋，还冲我眨眨眼，可是我心烦得很，实在懒得理会他。

校准了表后，我们打算向鼠洞进发。我心中有些害怕，对于马克枪法我毫不怀疑，但我怀疑他那杆火柴棍大小的狙击步枪究竟有多大的用处，这可是枪械史上的一个新品种。

我们绕过冰冷的蜂窝煤，尽量远离煤气灶的边缘，紧贴着一条窄木棍行走。下面的一个大碗正在等着我们。我做了个深呼吸，稳住身体，不想摔死在一只碗里，那太荒谬了。

通往鼠洞的路修得很卑鄙，只有一条很窄的直道。我必须对每个人负责，所以不能冒险。我留下一名狙击手，带领其余的人从梯子下到地面，准备从另一个洞口进去。

居下临高。远比我想象的要高出许多，我发现自己犯了个致命的错误，但为时已晚。

"放下武器！"一伙服装各异的游击队员突然从高处的一根木梁后钻出来。

我们紧张地向上瞄着，心中感到死亡的恐怖。

"少校，我们被包围了。"一个端着 AK 的家伙小声地说，声音中充满了恐惧。

我用力持稳枪，急促地呼吸。"马克马克，你在哪儿？但愿他们没发现你。"我不由自主地嘟囔，以此代替颤抖。

有 3 个狙击手正瞄着我，我感到自己快要死了。

忽然空中飞过一个东西，我眼前--片白光……

我往前一扑倒在地上，耳旁响起了一阵可怕的枪声，有人大喊着从木梁上摔下来。我的左臂一紧，中弹了！我眼前模糊一片，流着眼泪，爬到一个什么东西的后面，对着一个影子胡乱地扫射……

一切平静下来，我渐渐可以看清东西了。

"马克？"我艰难地喘着气。

"你去哪儿？"我急着问。炸弹上显示只有 20 分钟了，我不知该怎么办，只能追马克。

"去电饭锅上面。"马克头也不回地走在前面。

"为什么？"我想自己准是疯了。

"那儿风景不错。别管我了，救救你自己吧，少校长官。"马克对我的嘲讽令我伤心。

"风景？风景？……海潮，我是雏鹰，见鬼，怎么没人回答！"马克已经走到电饭锅的下面，开始往上爬。"马克，你难道……"这时接收器响了，我不等劳力那个混蛋开口就摘下话筒，对着它狂怒地大喊："快派人来接我！15分钟之内！"

"少校，你……"劳力的声音真的很烦。

"听着，炸弹就要爆炸了，混蛋！"我扔下话筒，抬头看见马克不知怎么爬到了锅盖上，正在那儿冲我微笑。我勉强地爬上梯子，一边向电饭锅走去一边咒骂："马克，我不明白那儿有什么意思，你应该考虑军事法庭的那些杂种……"

"再见。"马克轻轻地说，然后身子一歪，从上面摔下去……

"中校，恭喜你。"劳力虚伪地把一个勋章戴在我胸前，毫无疑问，他是个地道的混蛋。"另外，你亲眼看到马克从电饭锅上一直摔到地上？"我目视前方："是的，将军，我看见他从那上面摔下去了。"

"可惜，爆炸后我们找不到他的躯体。可怜的人，竟然……"他摇摇头，然后滚了出去。

我坐下来，浑身无力。我至今还在想着他在摔下去之前会想些什么。窗外的落叶正在秋风中伤感地飘落，希望他们能覆盖马克的亡灵。那些枯叶，就像马克的身体，慢慢地……什么？马克？马克——马克！我忽然一阵狂喜，这该死的！你这个体操健将，就像一只从树上落下来的雏鹰一样，小小的尺度，空气的阻力，恒定的速度……混蛋，用这么简单的常识来蒙骗我！见鬼去吧，你能在皮鞋里躲一辈子吗？可是，你是怎么爬上那个电饭锅的？

（选自《科幻世界》2003 年第 12 期，有删改）

阅读点拨

本文讲述了"小人国"式的奇异故事，被缩小了身体的狙击手将要用火柴棍般的武器战斗。作者明知故事是虚幻的，却煞有介事地描写了战斗的场面，人物之间有趣的对话，以及"我"的心理活动，为我们展示了一幅奇怪而富有情趣的科幻图景，表现了科学发展到一定程度会出现的各种可能。

长　生　饭

[苏联]亚历山大·别利亚耶夫

在德国的北弗里兰特群岛上有个渔村,连日来不断发生渔网被盗事件。渔民们议论纷纷,这是谁干的呢?

青年渔民路德维希说,准是汉斯干的,他发现这个又高又瘦、活像个骷髅的老头,近几个星期来竟奇怪地胖了起来。于是,有个渔民提议上汉斯那儿走一趟,摸摸他的底细。

汉斯老头殷勤地请客人到壁炉旁烤火,关心地问他们最近过得怎样。"糟透了,什么鱼也打不到。"路德维希说,"你倒好,没完没了地胖起来,这到底是怎么回事?"

汉斯十分局促不安,这越发引起了大家的怀疑。于是他们对汉斯的住处进行了搜查。除了一堆堆的破烂,并不见丢失的渔网。只找到了一个瓦罐,里面装着一种黏糊糊的东西,很像青蛙的卵。大家没好气地把汉斯老头拖到瓦罐旁边,厉声质问他里面装的是什么。

谁也没料到,这一问,竟使汉斯老头浑身哆嗦起来,他语无伦次地支吾了几句便住了口。

这一下激起大伙的好奇心,都想弄清汉斯老头搞的是什么名堂。

路德维希得意扬扬地把瓦罐捧回一楼。放在靠壁炉的桌上,命令汉斯老头把一切原原本本地说出来。"我们早就对你怀疑了,你不是无缘无故发胖的。"

"难道你们都知道了?"

其实他们什么也不知道,可是在这个秋天的傍晚,路德维希却突然显示出一种密探的才能,"当然都知道,"他故意十分肯定地说,"只要你老老实实说,我们就不送你去坐牢。"

汉斯老头颓然地坐到了凳子上,只好如实招供。

原来这面糊是勃洛耶尔教授送给汉斯老头的。

一天傍晚,住在附近村子的勃洛耶尔教授找到贫穷的汉斯,说他能让汉斯一辈子不为吃发愁,不过必须发誓不把这件事泄露出去。汉斯发誓后,教授从外套里掏出一个罐子,说里面装的是永生粮,它营养丰富,味道可口,只要吃半罐,一整天都不会肚子饿。这面糊能自生自长,一昼夜之后又能变成满满的一罐。教授走后,汉斯好久不敢尝那面糊,它看上去太像青蛙卵了,真叫人恶心。后来汉斯饿得实在挺不住了,心想,反正得一死……便舀了一汤匙吞了下去。啊,味道真不错! 他索性吃起来。这食物真神奇,眨眼工夫就饱了,身子也有了力气。他倒头便睡,天亮时发现面糊果然又长满一罐了……

汉斯的神话把大家说得呆若木鸡，不一会儿又像大梦初醒似的七嘴八舌地议论开了。

"这不成了童话中的'神奇的桌布'了吗？"

"有了这宝贝再也不用耕地、出海，只管舒舒服服地躺在床上往嘴里塞面糊……"

激动过后，大家不免产生了怀疑，莫不是老头子胡说八道吧？于是汉斯当场试验，用汤匙舀了一大团黏稠的面糊，津津有味地吞了下去。众人屏息凝神地瞧着他，仿佛在看他吞活蛇似的。疑云消散了，大家转而对汉斯不胜羡慕起来。

奇闻很快传遍了全村，人们像朝圣一样，不断地朝古老的灯塔涌来，都想见识一下这奇异的面糊。

青年渔民弗里斯第一个下决心尝了面糊，果然又可口又耐饿。全村人聚集在灯塔处开会，经过长久的争论，决定派代表去见教授，详细地打听一下面糊的事，请求他把永生粮分赠给大家。

渔民代表来到教授住处，推开围墙门，走进花园。汉斯跟在后边，露出一副犯人被押上法庭时的神态。这时有两条肥得出奇的狗向他们扑来，一个神采奕奕的胖老头听见狗叫，连忙从屋里走出来，吆喝住狗，和颜悦色地接待了他们。

"汉斯讲的是实话，"教授听了事情的经过后说，"1千克面糊可供一个人吃一辈子，还可以作为遗产留给儿子。"

这件事在村子里引起了轩然大波,柏林一家报社的一个青年记者也来教授家采访。青年记者兴奋得抓耳搔腮,"这是人类历史的一个新纪元,"他按捺不住激动的心情喊道,"从此不再有饥饿、贫困和战争,不再有阶级和敌对……"

但教授不敢太乐观,他认为人除了吃还要穿戴、住房、汽车、艺术和荣誉等,总之,人总能找到理由厮斗的。

汉斯所在的渔村发生了天翻地覆的变化。自从有了永生粮以后,全村人都抛弃了捕鱼营生,个个成了头号投机商。尤其是精明的弗里斯,一跃成为全村最有钱的人。过去和他一起出生入死的朋友路德维希由此产生了嫉恨。

一天夜里,路德维希终于忍不住潜入弗里斯家偷了一罐面糊,被弗里斯用弹子球当场击毙。不久,村子里又出了一起杀人案。紧接着,村里像被施了魔法似的,渔民们忘掉了一切,成天成夜地泡在酒吧和赌场里,寻欢作乐的狂热像毒汁一样侵蚀着渔民们淳朴的性格。

春天给汉斯带来了苦恼。面糊在春天里增长得格外快,一夜工夫,不仅长满一罐,而且流到地板上了。他一时吃不了,便到村里去兜售,奇怪的是,村里人谁都不买。他只好拼命吃,又找来邻居帮忙,可是第二天面糊已膨胀得整个地板都盖满了。

渔村已被恐怖所笼罩。盛夏酷暑来临,面糊猛涨,汇成了一股强大的面糊洪流，大有淹没一切之势。一种兽性的、野蛮的自私开始在很多人心里复活。为了挽救自己，长辈强迫小辈吃，强者逼使弱者吃，然而一切都无济于事。

弗里斯因为别人把面糊扔到他家门口，又第二次杀了人。村里人却认为这是正当防卫。

最后人们把面糊往大海里扔，谁想到，面糊在水中繁殖得比在陆地还快。大海吃饱喝足之后，再不肯接纳，把多余的面糊又推到岸上来。这下海岸线一带成了面糊海洋。

全世界陷入了面糊危机之后，有的国家试图把面糊弄到别国的国土上，于是引起一系列战争。不过，双方只能动用飞机进行空战，因为面糊已把陆地交通全部阻塞，人马全都陷进面糊海洋了。

据报上说，面糊正继续在全球蔓延，它会变成厚厚的一层外壳，严严实实地裹住地球，太阳会把地球这个圆面包烤成粉红色。这圆面包也许营养可口，只是再没人享用了。

在这种情况下，唯一的办法是教授尽快发明一种解药，消灭永生粮。

教授住进了实验室，全世界都在关注着实验室里的工作。经过昼夜奋战，教授终于制出了消灭面糊的红霉菌。

电台、报纸很快把这个消息告诉了全世界。顷刻间，世界摆脱了面糊的苦难，人类得救了。

初秋,强劲的风在渔村上空回旋。整个渔村的人都聚集在海岸上,渔民们就要出海捕鱼了。渔民们个个神情严肃而激动。

弗里斯精神抖擞地站在船舵旁,想起几个月来的经历,简直像一场噩梦:昙花一现的财富,偷盗、凶杀、酗酒、赌博、面糊洪流……

"年轻人,留点神!"一个老渔民严厉的喊声唤醒了他,他变得又轻松又愉快,使劲地压住舵,迎着强劲的秋风,把船疾速地驶进大海。

(选自《世界经典科幻小说全集·第六辑》,林力等编译,内蒙古少年儿童出版社 2000 年版,有删改)

阅读点拨

小说围绕一种永远也吃不完的长生饭构思情节,以为有了长生饭,从此不再有饥饿、贫困和战争,不再有阶级和敌对。然而,就是这迅速泛滥的长生饭,给渔村的人们带来了无尽的烦恼甚至灾难。作者用这个故事告诉人们:世界上没有免费的午餐,要创造幸福的生活必须依靠自己的劳动。

艾　森

长　铗

校长在推开教室门的瞬间,感觉到扑面而来的欢乐气氛。此间的情景与外面荒凉萧索的景象构成强烈反差,C城刚刚遭受过一场猛烈飓风的袭击。

看着无忧无虑的孩子们,他心里涌出一阵酸楚,他顽固地以为,不管处于何种境地,他有责任有义务要向他的学生们传递一种紧迫感、忧患意识,以及信念。因为,他是这所学校最后一名教师了。

"我们的城市正在遭受不幸,也许大家已经从小道消息了解到什么,前线的防线确实已经崩溃了,我们这座海滨小城成了孤岛。敌人之所以没有接管这座城市,仅仅是因为——当然这是某种猜测——他们想用我们的城市作为诱饵,以期消耗我国军队更多的有生力量。事实上,他们的期望肯定会落空,因为国家已经抛弃,甚至遗忘了我们。政府已陷入混乱,官员们四处逃奔,寻找避难所,军官们在囤积财富中饱私囊,乱了,全乱套了……"

教室里哗然一片,像是一块凝固的油滴在滚烫的锅上。

只有一个学生有些反常，他很瘦小，却永远坐后排。要么无精打采耷拉着大脑袋，要么冲窗外发呆。他叫艾森，本来是低年级学生，因为在自然科学方面的天赋被破格提到高年级班。校长注视着他，感觉一堵无形的墙把他的世界与周围的喧闹隔离开来。"陆地上的道路已经被敌人封锁了。现在，我们唯一可以依靠的，是大海。"校长忧心忡忡地说。有人朝渺茫的海面扔了一块卵石，引得许多男生加入他的行列，抡圆了胳膊炫耀他们肱二头肌里悄悄萌生的力量。当然，高大的辕是最终的胜出者。他投出的石头像箭一样射出大家的视野，在女孩子们的心里激起赞叹的浪花。

"当我们使用的力量更大，石头会扔得更远。如果有人比辕的力气更大，会怎样？"校长突发其问。"扔得更远呗。"

"再大呢？"

"那就是炮弹，可以打到海的对岸。"辕说。

"如果比炮弹的力度更猛呢？"

大家面面相觑。

"会绕地球飞起来。"人群外一个童音怯怯地说。

人群快乐地笑了，校长也笑了。只不过，他是欣慰地笑。在被敌人封锁的漫长岁月，学校的教师纷纷逃离到敌人控制的"新区"，校长越来越力不从心地感觉到孩子们对科学知识的掌握已经远远落后于和平时代。只有一个孩子例外，他孤独、离群，羞于表达自己的思想，但他却仿佛走到了时代的前面。

校长来到艾森的家里，这座铁罐子皮临时搭建的棚子里传出叮叮当当的敲打声。艾森头也不抬地挥动一把与他的胳膊不相称的大榔头，把一件大型机械拆得七零八落。他唯一的亲人奶奶裹着毛毯躺在阳光里，半眯着眼睛打量着这难得一见的访客。

校长躬身钻进低矮的铁门，细致地观察艾森的工作。屋里面一片狼藉，堆满了电钻、铁锯、线圈、裸露的铜丝、黑胶带、螺丝刀，空气里弥漫着一股浓重的焊锡煳味。

"这似乎是一架飞行器。"校长端详机器的残骸，若有所思地说。

艾森喉咙里蹦出一个淡近于无的"嗯"算是作为回答。

"是飞艇吧。"校长的眉头舒展开来。

艾森偷望一眼校长，虽然他才是这间简陋工作室的主人，他却像一个生客一般焦躁不安，两只手似乎放在任何位置都很别扭，只好紧贴大腿直直垂着。

"你在进行一项什么样的试验呢?"校长饶有兴致地望着他，眼睛里漫出的神色，正如屋外的春光一般温煦。艾森抬眼直直望着对面墙上，欲言又止的样子。校长顺着他的目光望去，墙上相框上一个头戴飞行盔的军人目光如炬，直视前方,那是只有飞行员才能表现出的专注。他是艾森的父亲,在一年前的战斗中牺牲了。他的母亲牺牲得更早,她是一名导弹控制师,在战争初期便被敌人的精确打击炸死了。从此,艾森便和奶奶相依为命。想成为父亲那样的人,这也许是每个男孩的梦想,这梦想让他比同龄人背负了更多,也成熟更多。校长心中嘘唏不已,似乎明白了什么。

最后一堂课是在校长的办公室里进行的,因为艾森要用到校长的电脑。

"飓风?"校长精神一振,猛然捏紧的指关节发出咯咯的摩擦音。

"是的,校长。"艾森目光里装满了自信。3月14日将有一场时速高达318千米的特大飓风来袭。这是艾森通过计算机分析得出的结论。但这似乎已经不重要了,这座天灾人祸频频光顾的城市早已陷入绝望的泥淖,像一个已经卸下呼吸装置的病人,已不在乎再多挨一刀了。可是,校长突然意识到什么,便用惊诧的目光盯着艾森。艾森孩子气似的半仰着脸,似乎在期待着校长的褒奖。校长露出不可思议的神情,起身来到艾森的电脑前,审视他的工作。

艾森读懂了他的困惑,咧嘴笑笑:"网上有免费的天气分析软件可下载,但是它模拟的精确度我很不满意,所以,我修改了一些细节,从而使它更合理。"

艾森转回头继续盯着屏幕，稀疏的眉梢上跳动着喜悦，扁平的胸脯因为按捺不住这个大大的野心而一起一伏。他正通过计算机模拟修改飓风的参数，来干扰飓风的运动。从模拟的结果看，他成功地改变了飓风的登陆地点。但是，这只是模拟而已，大自然的飓风是不可驾驭的。而且，现实中有谁愿意驾驶飞艇，冲进飓风里迎接死亡呢？

"校长，我有个请求。"艾森收回盯着屏幕的目光，转头看向校长，声音小了下去，眼睛里却蔓延出期待的色彩。校长略微伤感地清清嗓子，郑重地说："什么样的请求？我尽力为之。"

战争结束3年了，一场突如其来的飓风改变了一切！这真是一个奇迹，难以置信，人们却深信不疑。在战争纪念馆里，一个解说员领着一群东张西望的学生，指着艾森的全息投影说："看到了吗？他跟你们一般大，但他在这个年纪却创造了奇迹。他拯救了我们这座城市，甚至扭转了战局。"在低沉压抑的音乐声下，解说词缓缓响起："这就是3年前的那场飓风，它摧毁了敌军对我市的封锁线，5万名敌军几乎没有生还的记录。然而，这场飓风并非一次意外，而是一名叫艾森的13岁男孩驾驶着飞艇闯入飓风眼，引爆了携带的炸药，从而改变了飓风的路径和登陆地点。他牺牲了他天才的生命，挽救了我们所有人。"

人群中发出沉重的叹息，被妈妈抱在怀里的孩子也煞有介事地竖起耳朵聆听，大厅里安安静静，简直能听见各自的呼吸与心跳。校长伫立在人群中，望着投影，神情肃穆。他身前的轮椅上坐着一位白发苍苍的老太太，眼角干涸已久的河道已然潮湿。恍惚间，艾森在她闪闪的泪花里，冷不丁地跳出来说："嗨，奶奶。"

（节选自《艾森的礼物》，原载《世界科幻博览》2007 年第 12 期）

阅读点拨

C 城正在遭受不幸，其他孩子们对 C 城所面临的现状并不知情，显得无忧无虑。艾森以自己自然科学方面超乎同龄人的天赋，牺牲自己，挽救城市，扭转了战局，创造了奇迹。小说巧妙地插入艾森的父母因为保卫家园而牺牲的事实，使艾森的英雄壮举显得合情合理。

我 思 我 行

◆ 本单元选编的科幻小说都表现了在科学的探索中遇到的困难和发生的奇幻故事，你阅读后有什么感受？ 怎样理解科幻小说能"揭示社会变化和人与人之间的关系"？

◆ 《圆圆的肥皂泡》《艾森》这两篇小说都描写了少年的梦想在科学探究过程中经受的考验，在刻画人物方面有什么不同？

◆ 为了吸引读者，科幻小说在不违背科学性的前提下也具有很强的文学色彩。 请你在阅读科幻小说时注意作品的文学性，做好读书笔记，摘录一些描写生动、刻画人物手法多样的片段。

观看科幻电影，并以故事会的形式与班上同学进行交流。

阅读延伸

《三体》（刘慈欣 著）

《三体》是刘慈欣创作的系列长篇科幻小说，作品讲述了地球人类文明和三体文明的信息交流、生死搏杀以及两个文明在宇宙中的兴衰历程。 其第一部经刘宇昆翻译为英文，荣获了第 73 届雨果奖最佳长篇小说奖。

《三体》里面那个三体游戏，想象奇崛恢弘，对于三体星系这一个极为奇幻的想象世界，刘慈欣充分发挥了他在硬科学上的特长，赋予这个世界完全真实可信的物理特性和演化发展规律。 刘慈欣以虚拟现实的方式，借用地球文明的外套，来讲述这个遥远文明 200 次毁灭与重生的传奇，三体与地球遥相辉映。 在构造了一个丰满坚实的三体世界以后，他进一步让三体世界、地球，甚至还有更高级的文明，发生更加猛烈而意味深长的碰撞。 在最不可思议的生存景象中蕴涵着触手可及的现实针对性，既是对地球文明自身的一种独特反省，又是在宇宙级别上的一种超越。

出版说明

　　"推动全民阅读，构建书香社会"已成为当前我国文化发展战略的重要组成部分，对建设社会主义文化强国，增强国家软实力和文化自信，实现中华民族伟大复兴的中国梦具有重要意义。为了落实中央的指示精神，助推全民阅读，满足广大中小学生的阅读需求，我们特组织编写了这套"全民阅读·阶梯文库"。

　　分级阅读是国际上比较流行的一种阅读理念，比如蓝思分级法、A～Z分级法等，我国古代也有"少不看《水浒》，老不看《三国》"之说。那么，怎样把合适的读物，在适当的时候，用适宜的方式推荐给适合的读者呢？这不仅需要社会责任感、理性公允心、文化担当与服务精神，也需要精准的辨识眼光与深厚的人文素养，因而也一直是我国教育出版界的"老大难"问题。这套"全民阅读·阶梯文库"就是我们对阶梯阅读所做的一个积极尝试。

　　本文库努力体现全民阅读理念，以培养现代公民综合素养为宗旨，为青少年打下"精神的底子"，系好人生的"第一粒纽扣"。文库按学前段、小学段、初中段和高中段进行编写，以各年龄段读者的心智特点与认知水平为划分依据，旨在体现阶梯阅读层级，激发阅读兴趣，养成阅读习惯，掌握阅读方法，丰富人文底蕴。学前段突出亲子阅读与图画阅读，重在培养好奇心与亲切感；小学段体现以儿童文学为主的综合阅读，重在培养对汉语言文字的亲近感；初中段分传统文化、科普科幻和文学三个分卷，重在培养对传统文化和文学作品的理解欣赏能力，提升科学素养；高中段分传统文化与科普科幻两个分卷，重在培养理解分析能力以及质疑探究能力。

当前，中国特色社会主义已进入新时代。作为教育出版工作者，我们无疑负有新时代文化传承与传播的神圣使命。这套"全民阅读·阶梯文库"在内容选择、精准阐释与价值传播上都做了一些探索，希望通过阶梯阅读的形式，推动全民阅读，倡导经典阅读与有价值的阅读。

本套书选文的作者多数我们已取得联系，部分未能联系上的作者，我们已委托中国文字著作权协会代付稿酬，敬请这些作者通过以下联系方式领取稿酬：

联系电话：010－65978905/06/16/17　转836

本书编写组